C.H.BECK WISSEN

Das Erlernen einer Fremdsprache ist oft ein mühsamer Weg, und viele von uns, die sich hierbei mit schwierigen Grammatiken und wahren Vokabelbergen herumplagen, blicken sehnsüchtig auf die Zeit zurück, in der sie als Kleinkinder scheinbar mühelos ihre Muttersprache erlernten. Doch diese Erinnerung ist trügerisch. Zwar ‹spielt› das Kind phasenweise mit dem gerade Erworbenen, aber auch sein Weg zur Sprache ist voller Hindernisse und Umwege. Der Spracherwerb ist die komplexeste Aufgabe, die ein Kind im Laufe seiner frühen Entwicklung zu bewältigen hat, und so verwundert es nicht, dass auch das Erlernen der Muttersprache über viele kleine Siege errungen werden muss.

In diesem Buch erklärt ein renommierter Sprachwissenschaftler die wichtigsten Stationen des Erwerbs der gesprochenen Muttersprache durch das Kleinkind. Darüber hinaus erläutert er die hierzu wichtigsten Aussagen der modernen Spracherwerbstheorien und vermittelt einen kurzen Einblick in die wichtigsten Störungen des kindlichen Spracherwerbs.

Jürgen Dittmann war von 1980 bis 2012 Professor für Neuere deutsche Sprachwissenschaft an der Albert-Ludwigs-Universität Freiburg i. Br. Seine Forschungsschwerpunkte sind Neurolinguistik und Gegenwartsdeutsch.

Jürgen Dittmann

DER SPRACHERWERB DES KINDES

Verlauf und Störungen

C.H.Beck

Für Katharina und Stephanie

1. Auflage. 2002
2., durchgesehene Auflage. 2006
3., völlig überarbeitete Auflage. 2010

4., vollständig überarbeitete und aktualisierte Auflage. 2020

Originalausgabe

Reihengestaltung Umschlag: Uwe Göbel (Original 1995, mit Logo), Marion Blomeyer (Überarbeitung 2018)
www.chbeck.de
Satz: Fotosatz Amann, Memmingen
Druck und Bindung: Druckerei C.H.Beck, Nördlingen
Printed in Germany
ISBN 978 3 406 73371 0

myclimate

klimaneutral produziert
www.chbeck.de/nachhaltig

Inhalt

Vorwort zur 4. Auflage

Ich beschreibe in diesem Büchlein den Ablauf des Erstspracherwerbs und diskutiere Theorien, die erklären wollen, wie der Erstspracherwerb möglich ist. Mit ‹Erstspracherwerb› ist der Erwerb der gesprochenen Muttersprache durch das Kleinkind gemeint. Nicht behandelt wird also z. B. der ‹gesteuerte› Erwerb einer Zweitsprache durch das ältere Kind im Schulunterricht. Lediglich die besondere Situation mehrsprachig aufwachsender Kinder wird in Kap. 7.2 angesprochen. Außen vor bleibt auch der Schriftspracherwerb: Im Unterschied zum quasi natürlichen, spontanen Erwerb der gesprochenen Muttersprache handelt es sich hier um das – in der Regel gesteuerte – Erlernen einer komplexen Kulturtechnik, mit anderen Voraussetzungen und anderem Verlauf. Deshalb werde ich auch Störungen des Schriftspracherwerbs nicht behandeln (vgl. Werth 2008).

Die Erforschung des Erstspracherwerbs hat in den vergangenen Jahren große Fortschritte erzielt. Zu verdanken ist dies in erster Linie der Verbesserung empirischer Methoden, die in der Konsequenz zu einer Revision überkommener theoretischer Vorstellungen führen musste. Deshalb war eine umfassende Überarbeitung vor allem des 5. Kapitels dieses Buches unerlässlich.

Wiederum habe ich den Leserinnen und Lesern zu danken, die mich nach der Lektüre der 3. Auflage auf Unschärfen der Darstellung hingewiesen haben. Pauschaler Kritik an der Verständlichkeit ist allerdings schwer gerecht zu werden, doch habe ich mich bemüht, die überarbeiteten Passagen allgemeinverständlich zu formulieren und alle Termini, die notwendigerweise verwendet werden, zu definieren. Es gilt aber hier, wie immer, mit Max Weber: «Das Bedürfnis nach unbedingter Popularisierung freilich wäre mit dem Bedürfnis nach größtmöglicher Begriffsschärfe nicht immer vereinbar und muß diesem gegebenenfalls weichen.»

Erwin Löhle danke ich für die Durchsicht einer älteren Version von Kap. 7.3, Claudia Schmidt für ihre Kommentare zu Kap. 5 und Kap. 7.2. Stefan Bollmann und Angelika von der Lahr vom Verlag C.H.Beck danke ich für die nun schon viele Jahre währende konstruktive, vertrauensvolle Zusammenarbeit.

Ich wünsche allen Leserinnen und Lesern eine ertragreiche Lektüre!

Jürgen Dittmann
Freiburg, im April 2020

1. Das Problem des Spracherwerbs

1.1 Der Spracherwerb – kein Kinderspiel

Im Nachhinein, das heißt aus der Perspektive des Erwachsenen, der seine liebe Not mit dem Erwerb von Fremdsprachen hat, erscheint der Erstspracherwerb vielleicht wie ein Kinderspiel. Doch die Erinnerung trügt: Der Weg zur Sprache ist, bildlich gesprochen, voller Hindernisse und Umwege, und das Kind muss sich jeden Etappensieg erkämpfen. Allerdings ist der Spracherwerb auch die komplexeste aller Aufgaben, mit denen das Kind im Laufe seiner Entwicklung konfrontiert wird. So verwundert es nicht, dass bei gut 10 % der Kinder sog. umschriebene Entwicklungsstörungen des Sprechens und der Sprache diagnostiziert werden (vgl. Kap. 8). Fast alle Kinder erreichen gleichwohl das Ziel des Lernprozesses, die Beherrschung der Muttersprache.

1.2 Das Lernziel

Will man die Aufgabe, vor der das Kind steht, verstehen, sollte man sich zunächst klarmachen, dass alle Sprachen komplex sind, wenngleich die Komplexität unterschiedlich ausgeprägt ist. Auch Steinzeitkulturen haben komplexe Sprachen, was etwa die Sprachen der australischen Aborigines eindrucksvoll belegen. Und entgegen einer anderslautenden Behauptung, die es bis in die Medien geschafft hat, ist auch die Sprache des Amazonas-Stammes der Pirahã komplex (Nevins et al. 2009). Die Einzelsprachen machen allerdings unterschiedlichen Gebrauch vom Repertoire möglicher Ausdrucksmittel. So hat bekanntlich das Lateinische viele Flexionsformen (Deklination des Substantivs, Konjugation des Verbs usw.), das Englische weniger und das Chinesische fast keine. Dafür bedienen sich flexionsarme Sprachen dann anderer Mittel, die sie wiederum komplex machen. Deshalb stehen alle Kinder der Welt, unabhängig davon, ob sie in einem steinzeitlich lebenden Stamm oder einer Industriegesellschaft aufwachsen, vor einer ungemein schwierigen Aufgabe.

Einerseits konstatieren wir also Unterschiede zwischen den Einzelsprachen, die den Fremdsprachenerwerb so schwierig machen, andererseits folgen aber alle Einzelsprachen denselben grundlegenden Strukturgesetzen. Wilhelm von Humboldt (1963) begründet das so: «Da die Naturanlage zur Sprache eine allgemeine des Menschen ist und Alle den Schlüssel zum Verständniss aller Sprachen in sich tragen müssen, so folgt von selbst, dass die Form aller Sprachen sich im Wesentlichen gleich seyn und immer den allgemeinen Zweck erreichen muss.» Wie kann man diese gemeinsamen Eigenschaften aller menschlichen Sprachen, die ‹Universalien›, beschreiben (Hockett 1960)? Offensichtlich haben wir es mit einer Lautsprache zu tun, die Informationsvermittlung erfolgt durch Schallereignisse. Weiterhin verfügt jede menschliche Sprache über ein Repertoire von kleinsten bedeutungsunterscheidenden Lauteinheiten, genannt **Phoneme**, mit den Hauptklassen Vokal, z. B. /a/, und Konsonant, z. B. /b/. Im Deutschen unterscheiden sich z. B. *Müll* und *Tüll* durch die Phoneme /m/ und /t/. Phoneme sind Lautklassen: Man kann beispielsweise das /r/ in *Art* auf unterschiedliche Weise aussprechen, etwa mit der Zungenspitze ‹rollen› oder am Gaumen durch Reibung erzeugen (velares /r/). Entscheidend ist nur, dass es als /r/ und nicht etwa als /l/ gehört wird, dann nämlich würde *alt* verstanden. Die konkret geäußerten Laute in einem Wort (‹Phone› genannt) werden aber auch je nach lautlicher Umgebung unterschiedlich ausgesprochen. Hier haben wir nicht die Wahl (wie zwischen Zungen-/r/ und velarem /r/), sondern hier regieren die Naturgesetze der Artikulation. Wie weit diese Veränderungen gehen können, sieht man leicht anhand eines Wortes wie *Glück:* Das /g/ wird mit gerundeten Lippen gesprochen, die eigentlich erst für das /ü/ benötigt werden, so dass ein anderes Phon resultiert als beim /g/ in *gut*. Dieses Phänomen wird ‹Koartikulation› genannt. Es spielt sich auf der Ebene der **Silbe** ab, und man geht heute davon aus, dass die Artikulation der Wörter silbenweise gesteuert (und entsprechend auch erworben) wird. Der vokal-auditive Kanal ermöglicht aber noch eine zweite Dimension der Kommunikation: Neben der Phon-Phonem-Ebene gibt es noch lautlich-klangliche Eigenschaften, die für die menschliche Kommunikation ebenfalls relevant sind, nämlich die sog. **Prosodie**. Gemeint sind akustische Eigenschaften der gesprochenen Sprache wie Intonation, das ist die Sprechmelodie (z. B.: ansteigend im Fragesatz), Wortakzent, das ist die Betonung auf Wortebene (*úmfahren* vs. *umfáhren*), sowie Sprechrhythmus.

Aus den kleinsten bedeutungsunterscheidenden Einheiten bildet jede Sprache ihre kleinsten bedeutungstragenden Einheiten, genannt **Morpheme**. *Maus* und *rot* sind solche Morpheme, man nennt sie auch ‹lexikalische Morpheme›, denn man findet sie im Wörterbuch; sie bilden den Wortschatz einer Sprache. Die Phonemkette *-en* in *Frauen* ist auch ein Morphem, d. h., wir haben es bei *Frauen* mit einem Wort, aber zwei Morphemen zu tun. Allerdings kommt das zweite Morphem nicht selbstständig vor, und es hat die etwas abstraktere Bedeutung ‹Plural›. Es wird in der Grammatik beschrieben, weshalb man auch von einem ‹grammatischen Morphem› spricht. Dieses Bildungsprinzip, aus kleinsten bedeutungsunterscheidenden Einheiten kleinste bedeutungstragende Einheiten zu kombinieren, nennt man das ‹Prinzip der doppelten Artikulation›. Kein Tierkommunikationssystem weist diese Eigenschaft auf, und sie ist die erste Quelle des unbegrenzten Ausdrucksreichtums der Sprachen.

Das ‹Herz› der menschlichen Sprache aber ist die **Syntax**. Sie ist die zweite Quelle des unbegrenzten Ausdrucksreichtums. Schon Humboldt (1963) hatte erkannt, dass die menschliche Sprache, da sie «einem unendlichen und wahrhaft gränzenlosen Gebiete, dem Inbegriff alles Denkbaren gegenüber [steht]», «von endlichen Mitteln einen unendlichen Gebrauch machen [muss]». 1965 griff Chomsky diesen Gedanken in seiner ‹generativen Grammatik› auf. Etwas vereinfacht formuliert: Eine endliche Zahl von Einheiten einer Sprache kann durch ein System von endlich vielen Regeln, nämlich durch die Syntax der Sprache, zu potenziell unendlich vielen verschiedenen Strukturen kombiniert werden, den grammatikalisch korrekten Sätzen der Sprache. Aus einfachen Bestandteilen (‹Konstituenten›) können so komplexe Strukturen ‹generiert› werden, z. B. aus X = *der*, Y = *Apfel* und Z = *essen* die Strukturen {X, Y} = *der-Apfel* (eine sog. Nominalphrase) und {Z, {X, Y}} = *isst-den-Apfel* (eine sog. Verbalphrase, wie im Satz *Peter isst den Apfel*). Wohlbemerkt: Es entstehen auf diese Weise nicht einfach Wortfolgen, sondern Sätze, in denen die Konstituenten regelhaft aufeinander bezogen sind. Dass wir tatsächlich beim Produzieren und Verstehen von Sätzen syntaktische Strukturen ‹berechnen› müssen, lässt sich schon an einfachen Sätzen zeigen. Wir verstehen z. B. *Peter trat Lisa und lief weg* so, dass Peter Lisa trat und Peter dann weglief, nicht so, dass Lisa weglief – eine Lesart, die ja ebenfalls sinnvoll wäre, zumal *Lisa* näher an *lief weg* steht als *Peter*. Dieses Verständnis wird erzwungen, weil *Peter* das Subjekt des Satzes ist und eine syntaktische Regel des Deutschen besagt, dass beide Verben auf das Subjekt bezogen werden. Die in diesem Zusammenhang entscheidende Einsicht ist, dass syntaktische Regeln über **Kategorien** von Morphemen und nicht etwa über Morphemen oder Wörtern definiert sind: Besagte Regel bezieht sich nicht auf die Wörter *Peter* usw., sondern auf die syntaktischen Kategorien Subjekt und Verb.

Von besonderem Interesse sind syntaktische Regeln, die Chomsky mit einem mathematischen Terminus ‹rekursiv› nennt. Grob gesagt, erlauben sie die Bildung von Nebensätzen. So können komplexe ‹eingebettete› Strukturen erzeugt werden, etwa der Satz: *Ich, der mit meinem Haufen eben in einem Wirtshause abgestiegen und auf dem Platz, wo diese Vorstellung sich zutrug, gegenwärtig war, konnte hinter allem Volk am Eingang einer Kirche, wo ich stand, nicht vernehmen, was diese wunderliche Frau den Herren sagte …* (H. v. Kleist). Zwar stoßen wir bei solchen Konstruktionen in der gesprochenen Sprache bald an die Grenzen der Verständlichkeit, doch dass die menschliche Sprache dergleichen ermöglicht, ist ein entscheidender Aspekt ihres einzigartigen Ausdruckspotenzials.

Ein Kind, so können wir folgern, kann nicht einfach Wortfolgen lernen, wenn es eine Sprache beherrschen will, sondern muss Regelkenntnisse erwerben. Hier steht die Spracherwerbsforschung vor ihrem derzeit größten Problem: Was das Kind erwirbt und worüber dann der Erwachsene verfügt, d. h., wie dieses Wissen im Geist (oder gar im Gehirn) repräsentiert ist, ist unklar und Gegenstand kontroverser Debatten. Sicher ist dieses Wissen nicht mit der Kenntnis normativer Regeln, z. B. Tischsitten, vergleichbar, die uns explizit vermittelt werden. Linguistisch nicht gebildete Eltern wissen zwar, dass im Deutschen der Satz *Wer denkst du, dass kommen wird?* ungrammatisch ist, sie können aber die verletzte Regel nicht angeben und deshalb auch nicht lehren. Andererseits würden wohl nicht sehr viele WissenschaftlerInnen so weit gehen wie Pinker (1998), der Sprache – in provozierender Absicht – als ‹Instinkt› bezeichnet, was impliziert, dass Kinder die Sprachfähigkeit erwerben wie Spinnen die Webkunst. Ich werde dieses Thema in Kapitel 5 aufgreifen.

In diesem Buch werden sie zwar nicht behandelt, aber zur Sprachbeherrschung gehören auch sog. kommunikative Fertigkeiten, also z. B. Techniken der Gesprächsführung, die Beherrschung unterschiedlicher Textsorten, z. B. der ‹Alltagserzählung›, die Beherrschung unterschiedlicher Stilebenen, z. B. des Stils der informellen Umgangssprache im Unterschied zum formellen Stil einer öffentlichen Diskussion, usw. In literaten Gesellschaften erwirbt das Kind dazu noch die Schriftsprache als eine Kulturtechnik.

2. Der frühe Spracherwerb

2.1 Frühe Sprachwahrnehmung

Schon im Mutterleib ist das werdende Kind den Sprachschallereignissen seiner Umgebung ausgesetzt. Zwar führt dieser ‹pränatale Spracherwerb› nicht so weit wie in Kurt Tucholskys Satire «Colloquium in utero» aus dem Jahre 1932: Dort diskutiert ein Zwillingspaar im Mutterleib, ob es angesichts der herrschenden Akademikerarbeitslosigkeit ratsam sei, sich gebären zu lassen. Doch kann der pränatale Spracherwerb helfen, einige erstaunliche Beobachtungen zu erklären, die die Sprachschallwahrnehmung des Säuglings betreffen. Methode der Wahl, wenngleich nicht die einzige, ist die Saugratenmessung: Mittels eines entsprechend präparierten Saugers kann man Veränderungen im Nuckelverhalten des Säuglings messen. Auf ungewohnte Reize reagiert der Säugling mit schnellerem Nuckeln. Alternativ kann der Säugling lernen, bestimmte Reize durch unterschiedlich intensives Nuckeln abzurufen.

(1) Säuglinge bevorzugen die mütterliche Stimme vor anderen. In dem entsprechenden Experiment hatten die Säuglinge die Möglichkeit, entweder die Stimme ihrer Mutter oder die einer anderen Frau von einem Band abzurufen, und sie aktivierten die mütterliche Stimme signifikant häufiger. Dabei erwies es sich als wichtig, dass diese Stimme mit normaler Intonation präsentiert wurde: Auf monotone Äußerungen der mütterlichen Stimme reagierten die Säuglinge nämlich nicht anders als auf eine fremde Stimme. Dies ist ein Indiz dafür, dass die Säuglinge **prosodische** Eigenschaften der mütterlichen Stimme wiedererkennen. Dazu müssen wir uns vergegenwärtigen, womit genau das Neugeborene vertraut ist. Zwar sind die anatomischen Voraussetzungen für die Sprachschallwahrnehmung ab der 27. Schwangerschaftswoche gegeben, doch überwiegen

durch die Dämpfung des Schalls im Uterus niedrige Frequenzen (bis etwa 500 Hz) – etwa so, wie man sprachliche Äußerungen durch eine Wand hört. Die Folge ist, dass die in höheren Frequenzen realisierte Feinstruktur des Sprachschalls, also ‹segmentale› Informationen über einzelne Phone, nur unvollkommen an den Fötus übermittelt wird. Der Fötus hat also vornehmlich prosodische Merkmale des Schallereignisses zur Verfügung.

(2) Neugeborene erkennen eine Geschichte wieder, die ihnen während der Schwangerschaft vorgelesen wurde. Werdende Mütter lasen während der letzten sechs Wochen der Schwangerschaft laut Geschichten. Zwei bis drei Tage nach der Geburt wurde den Säuglingen dieselbe Geschichte sowie eine andere Geschichte vorgelesen. Die Neugeborenen bevorzugten die in der Schwangerschaft vorgelesene Geschichte. Auch in diesem Fall schreibt man das Wiedererkennen den prosodischen Eigenschaften zu.

(3) Säuglinge können ihre Muttersprache von einer Fremdsprache unterscheiden. Vier Tage alte Säuglinge aus rein französischsprachigen Familien wurden mit Äußerungen einer bilingualen Sprecherin in französischer und russischer Sprache konfrontiert. Gemessen wurde wieder die Saugrate, und es zeigte sich, dass die Säuglinge die französischen Sprachproben bevorzugten.

(4) Säuglinge können auch zwischen zwei Fremdsprachen unterscheiden, allerdings nur dann, wenn diese starke Unterschiede in ihren prosodischen Eigenschaften aufweisen. 40 vier Tage alte französische Säuglinge konnten zwar nicht zwischen Englisch und Niederländisch (prosodisch ähnlich), wohl aber zwischen Englisch und Japanisch (prosodisch nicht ähnlich) unterscheiden.

(5) Säuglinge nehmen Sprachschall, der durch eine Erhöhung der Grundfrequenz, d. h. durch eine höhere Stimme, intensiviert wird, besser wahr, denn sie haben eine höhere Hörschwelle als Erwachsene. Und genau das ist ein Merkmal der ‹Ammensprache›, des sprachlichen Registers, das Erwachsene Säuglingen gegenüber wählen (vgl. unten, Kap. 3.1).

(6) Säuglinge können vom ersten Monat an akustische Kontraste, die für die Unterscheidung von Phonemen wichtig sind, unabhängig davon unterscheiden, ob diese in ihrer Muttersprache eine Rolle spielen oder nicht. Man hat sie deshalb als ‹Weltbürger› bezeichnet. So konnten sechs bis acht Monate alte Säuglinge, die in einer englischsprachigen Umgebung aufwuchsen, phonemische Unterschiede des Hindi wahrnehmen, die das Englische nicht macht. Als man hingegen Kinder im Alter von 0;10 bis 1;0 [diese Altersangaben bedeuten: Jahr; Monat] testete, zeigten sie diese Fähigkeit, ebenso wie Erwachsene, nicht mehr: Die Wahrnehmungsfähigkeit passt sich im Laufe des ersten Lebensjahres der Struktur der Sprache an, die in der Umgebung des Säuglings gesprochen wird, wobei die Fähigkeit zu überflüssigen Unterscheidungen abgebaut wird. Die frühe Entwicklung der Sprachwahrnehmung ist also nicht als Sensibilisierung für sprachspezifische Unterscheidungen der Muttersprache zu verstehen, sondern als Desensibilisierung von Unterscheidungsmöglichkeiten, die der Säugling zunächst hat, die aber für die Muttersprache nicht relevant sind (Sendlmeier/Sendlmeier 1991). Als Erwachsene tun wir uns deshalb mit der Unterscheidung von Phonemen in Fremdsprachen schwer, die in unserer Muttersprache nicht vorkommen. Prototypisches Beispiel: Viele Sprecher asiatischer Sprachen haben Probleme, zwischen /r/ und /l/ zu unterscheiden.

2.2 Frühe Lautäußerungen und erste sprachliche Laute

2.2.1 Voraussetzungen der Lautproduktion. Während die anatomischen Voraussetzungen für die Sprachschallwahrnehmung schon vor der Geburt gegeben sind, ist dies für die Sprachschallproduktion nicht der Fall. Beim Neugeborenen sitzt der Kehlkopf hoch im Rachen, so dass bei der Nahrungsaufnahme Flüssigkeit und Speisebrei seitlich an ihm vorbei in die Speiseröhre gelangen können: Der Säugling kann, im Gegensatz zum älteren Kind und Erwachsenen, gleichzeitig Atmen und Schlucken. Die Möglichkeiten der Schallerzeugung sind dadurch aber eingeschränkt. Die Umgestaltung des Artikulationstraktes, die schließlich die Erzeugung des differenzierten Sprachschalls ermöglicht, vollzieht sich ab 0;2 und ist mit etwa 0;6 weitgehend, bis zum Ende des ersten Lebensjahres vollständig abgeschlossen. Durch den nun tief sitzenden Kehlkopf und die rechtwinklige Biegung des Mund-Rachen-Raumes entsteht ein ‹Ansatzrohr› mit zwei Hohlräumen (Schlund und Mundhohlraum), und durch das klappbare Gaumensegel kann noch der Nasenhohlraum einbezogen werden; zugleich gewinnt die Zunge an Beweglichkeit. Dies sind Voraussetzungen für die Fähigkeit des Menschen zur differenzierten Artikulation. Der Preis allerdings ist hoch, denn nun kann der Mensch leicht ersticken. Die Evolution muss der Sprachfähigkeit also einen beträchtlichen Stellenwert eingeräumt haben, da sie den Frühmenschen diesem Risiko aussetzte (Pinker 1998). Unter den beschriebenen anatomischen Bedingungen ist klar, dass die Lautäußerungen des Säuglings im ersten Lebensjahr nicht als ‹Phoneme› im Sinne der reifen Sprache beschrieben werden können. Man spricht deshalb auch nicht von ‹Vokalen› und ‹Konsonanten›, sondern von ‹Vokanten› und ‹Klosanten›.

2.2.2 Der Verlauf der vorsprachlichen Lautentwicklung. Vom Individuum her gesehen steht am Anfang nicht das Wort, sondern der Schrei. Auf die Typen von Schreien, man unterscheidet mindestens sieben verschiedene (Löhle 1991), kann ich nicht näher eingehen. Wenngleich die Disposition zum Schreien angeboren ist, so ist doch die spezifische Ausprägung von der sprachlichen Umgebung abhängig: Deutsche Kinder bevorzugen fallende Konturen, französische ansteigende, was den vorherrschenden Wortbetonungsmustern dieser Sprachen entspricht, nämlich dt. ‹trochäisch›, z. B. *Júnge*; frz. ‹jambisch›, z. B. *garcón* (vgl. unten, Kap. 3.4.3). Mit etwa 6 bis 8 Wochen setzt die Phase der ‹Gurrlaute› ein, das sind wiederholte vokalartige sowie am Gaumen gebildete Laute: Es dominieren ein [h]-artiger Klosant und der Glottisverschluss [ʔ], der in der deutschen Erwachsenensprache vor anlautendem Vokal auftretende ‹Knacklaut› (probieren Sie's aus, indem Sie *Aal* sagen!). Es folgen [g]- und [k]-artige Klosanten.

Ab etwa 0;4 kann der Säugling das Gaumensegel kontrolliert klappen, die Voraussetzung für die Bildung des Kontrastes zwischen oralen und nasalen Lauten (z. B. [g]-ähnlicher Klosant vs. [m]-ähnlicher Klosant). Außerdem kann er nun zunehmend unterschiedliche artikulatorische Bewegungen des Mund-Rachen-Raumes steuern. Zwischen 0;4 und 0;8 steigt die Rate von [m]-, [b]- und [k]-ähnlichen Klosanten an. Außerdem beherrscht der Säugling nun zumindest grob die Koordination von Phonation (der Erzeugung des für die Lautäußerung notwendigen Luftstromes) und Einstellung des Artikulationstraktes oberhalb des Kehlkopfes, die Voraussetzung kontinuierlichen Artikulierens. Das Kind beginnt in dieser Phase mit der Stimme zu ‹spielen›, es probiert Artikulationen aus, und zwar nicht nur im Dialog mit Bezugspersonen, sondern auch allein, vor allem in der Zeit vor dem Einschlafen und nach dem Aufwachen. Und es ahmt vorgesprochene Vokale nach. Da es nichtsprachliche Laute nicht nachahmt, kann man schließen, dass sprachliche Laute für den Säugling eine besondere Qualität haben.

Ab 0;4 treten die ersten ‹silbischen› Äußerungen auf, d. h., die Kinder beginnen systematisch Klosant-Vokant-Kombinationen zu produzieren. Man spricht von ‹Babbelphase›. Etwa ab 0;7 werden diese ‹Silben› auch wiederholt; das nennt man dann ‹repetitives› oder ‹kanonisches Babbeln›. Es ergeben sich Lautfolgen wie *babababababa* oder *gagagagaga*. Interessanterweise beobachtet man solche wiederholten, rhythmischen Bewegungen auch in der übrigen Motorik, z. B. des Rumpfes und der Gliedmaßen, was auf den nicht sprachspezifischen Charakter dieser Neigung hindeutet. Für die weitere Entwicklung zur Sprache ist die Herausbildung von Klosant-Vokant-Mustern entscheidend, denn sie sind die Vorstufe der späteren Konsonant-Vokal-Silbenstruktur, der sog. kanonischen Silbe. Damit wird der Grundstein für die differenzierte Artikulation der Sprachlaute und der Übergänge zwischen ihnen gelegt – eine für die Äußerung von Wörtern entscheidende Fähigkeit. Außerdem erprobt das Kleinkind an diesen Lautketten prosodische Muster, d. h. die Variation der Stimmhöhe, des Rhythmus und anderer zeitlicher Parameter sowie der Lautstärke. Damit wird der Grundstein für die

Beherrschung der prosodischen Strukturen der Sprache gelegt. Wie wichtig diese Phase ist, erhellt daraus, dass Säuglinge, die weniger differenziert ‹babbeln› als andere, als Vorschulkinder sprachlich schlechtere Leistungen zeigen als ihre Altersgenossen. Während der gesamten Babbelphase artikulieren die Kinder auch weiterhin ‹wilde Laute›. Das sind Produktionen, die nicht zu sprachlichen Lauten hinführen, z. B. Schnalz- und Kusslaute (Jakobson 1941).

In Bezug auf die Häufigkeit unterschiedlicher Klosanten setzt sich in der Phase kanonischen Babbelns die zwischen 0;4 und 0;8 beobachtete Entwicklung bei Kindern unterschiedlicher Muttersprachen fort: Zwischen 0;8 und 1;0 erhöht sich der Anteil von Klosanten wie [d], [m], [b] und [t] deutlich, [h] und [ʔ] gehen stark zurück: In der gesamten Babbelphase gibt es einen Trend von ‹hinten› nach ‹vorn›, von der Dominanz im Kehlkopf gebildeter zur Dominanz oberhalb des Kehlkopfes, im Mund-Rachen-Raum gebildeter Klosanten.

Diese für alle Kinder der Welt geltende Verschiebung von ‹hinten› nach ‹vorne› während der Babbelphase kann man physiologisch erklären: Zur Bildung der hinteren Klosanten bedarf es nur der passiven, durch die Grobmotorik des Unterkiefers verursachten Bewegung des Zungenrückens relativ zum Gaumen. Zur Bildung der vorderen Klosanten hingegen bedarf es der feinmotorischen Steuerung der Zungenspitze, die sich erst im Laufe des ersten Lebensjahres vervollkommnet. Deshalb ist diese Entwicklung aus physiologischen Gründen universal. So verwundert es denn auch nicht, dass man die Laute des Babbelrepertoires Englisch sprechender Kinder bei Kindern so unterschiedlicher sprachlicher Umgebungen wie Afrikaans, Arabisch, Deutsch und Spanisch und anderer wiedergefunden hat. Im Gegensatz zur Entwicklung der Fähigkeit zur Lautwahrnehmung erfolgt bei der Artikulationsentwicklung «eine Sensibilisierung hin zur feineren Differenzierung lautlicher Phänomene» (Sendlmeier/Sendlmeier 1991).

Gegen Ende der Babbelphase, etwa ab 0;10, treten gehäuft Kombinationen aus unterschiedlichen Klosant-Vokant-Verbindungen auf, wie *mamumumume* oder *dadu*. Man nennt dies ‹buntes Babbeln›. Die längeren Äußerungen weisen bereits die Intonation der Muttersprache auf. Elsen (1991) notierte solche zumeist unverständlichen ‹Sätze› von Annalena mit Aussagesatzintonation, wie *dähijömbwa* im Alter von 1;0,23 [die Zahl hinter dem Komma gibt den Tag an]. Man kann davon ausgehen, dass Kinder auf diese Weise die Intonationsmuster ihrer Muttersprache festigen. Zugleich trainieren die Kinder im bunten Babbeln weiterhin die Artikulation der Übergänge zwischen Lauten – wie gesagt, eine entscheidende Voraussetzung für die Fähigkeit, Wörter auszusprechen. Ich komme auf diese ‹Sätze›, man spricht von ‹Jargon›, in Kapitel 3.2 zurück.

Gegen Ende der Babbelphase entwickelt sich außerdem das bevorzugte Lautrepertoire in Richtung auf die Muttersprache. Für Kinder aus unterschiedlichen Sprachumgebungen konnte gezeigt werden, dass zwischen 0;9 und 0;13 die individuellen Unterschiede zurückgehen und das Lautrepertoire sich tendenziell der Verteilung der Phoneme in der Muttersprache angleicht. Beispielsweise produzieren französische und japanische Kinder mehr Nasale als englische und schwedische Kinder. Zum anderen zeigt sich überwiegend eine Übereinstimmung in der Verteilung der Klosanten/Konsonanten im Babbeln und in den ersten Wörtern der Kinder. Auch für manche Vokale wurde eine Übereinstimmung zwischen dem Vorkommen von Vokanten in den Babbeläußerungen und der Häufigkeit der Artikulationsstelle von Vokalen der Zielsprache gefunden. Allerdings scheinen bestimmte Vokale von dieser Entwicklung ausgenommen zu sein: [i]- und [u]-ähnliche Vokanten kommen, vermutlich aus anatomischen Gründen, auch am Ende des ersten Lebensjahres noch kaum vor.

Zusammenfassend kann man also eine weitgehende Kontinuität der Entwicklung von der späten Babbelphase zur Phase der Aneignung der Muttersprache konstatieren. Bei den meisten Kindern überlappen sich Babbeln und der Erwerb der ersten Wörter ca. vier bis fünf Monate lang.

2.2.3 Der Verlauf des Phonemerwerbs. Der Übergang von Klosanten und Vokanten zu einzelsprachlichen Konsonanten und

Vokalen geschieht also unter dem Gesichtspunkt der Artikulation nicht schlagartig, sondern **kontinuierlich**. Vom Ende des ersten Lebensjahres bis zum Alter von etwa zweieinhalb Jahren erwirbt das Kind sowohl die wesentlichen phonemischen Kontraste (also z. B. die Fähigkeit der präzisen Artikulation von /m/ im Unterschied zu /n/) als auch die Prosodie seiner Muttersprache. Wie wir oben, Kap. 1.2, gesehen haben, bedarf es zur korrekten Artikulation der Phone im gesprochenen Wort aber auch der Beherrschung von Übergängen zwischen den Phonen (‹Koartikulation›) im Rahmen der Silbe. Bis zur vollständigen Beherrschung der komplexen Techniken korrekter Artikulation brauchen die meisten Kinder lange, Probleme noch bis ins siebte Lebensjahr sind keineswegs selten. Die lange Periode der Perfektionierung der Artikulation ist ein deutlicher Indikator für die Schwierigkeiten, die dieser Prozess dem Kind bereitet, und ein weiteres Argument gegen die Behauptung, Spracherwerb sei ein Kinderspiel.

Ein qualitativer **Entwicklungssprung** ereignet sich aber etwa um den 9. Monat herum: Anders als in den Babbel-Lautäußerungen bekommen Laute nun bedeutungsunterscheidende Funktion und damit den Status von **Phonemen**. Jakobson (1941) hat als Erster den funktionalen Übergang von der reinen Lautäußerung zur Äußerung von Lauten als Phonemen herausgearbeitet und eine Beschreibung des Prozesses des Phonemerwerbs gegeben, die in ihren Grundzügen noch heute Bestand hat. Nach Jakobson ist die relative Zeitfolge des Erwerbs der Phoneme bei allen Kindern der Welt gleich. Das Kind erwirbt erst die vorderen Konsonanten (Labiale, Dentale; z. B. /b/, /t/), dann die hinteren (Velare, Uvulare; z. B. /k/, am Zäpfchen gebildetes /r/). Der Erwerb der Frikative (z. B. /f/) setzt nach Jakobson den Erwerb der Plosive (z. B. /p/) voraus. Man beachte, dass dieser Erwerbsprozess gerade umgekehrt verläuft wie die Entwicklung in der Babbelphase. Während Letztere physiologisch motiviert ist, ist die Entwicklung der Phoneme funktional motiviert: Lautliche **Kontraste** stehen im Dienste der Bedeutungsunterscheidung.

Die Phoneme treten nicht isoliert, sondern in Silben auf. So entsteht aus dem ersten konsonantischen Phonem, dem labialen Plosiv /p/ (je nach Zielsprache auch /d/), und dem ersten Vokal, /a/, die Silbe /pa/ oder /da/. Diese Abfolge bildet einen ‹maximalen Kontrast› und wird artikulatorisch durch eine Bewegung des Unterkiefers gebildet, ist also besonders einfach. Der erste konsonantische Gegensatz ist der zwischen Oral- und Nasallaut, nämlich /p/ und /m/, gefolgt vom Gegensatz zwischen Labialen und Dentalen: /p/ – /t/, /m/ – /n/. Es kommt also zur Äußerung von *papa*, *dada*, *mama*, *tata*, *nana*. Diese Silbenfolgen werden von den Bezugspersonen als zielsprachennah akzeptiert und selbst benutzt, um auf «besonders auffällige Aspekte des Interaktionskontextes» zu verweisen (Papoušek 1994). Mit anderen Worten: Die Bezugspersonen weisen den Silbenfolgen **Bedeutungen** zu. Diese sind in die Ammensprache eingegangen und in Einzelfällen als «infantile Schicht» (Jakobson) in der Erwachsenensprache enthalten. Das Kleinkind beginnt nun, Lautfolgen in bedeutungstragender Funktion zu gebrauchen: Sie werden mit einer ‹Bezeichnungsabsicht› geäußert. Mit den Wörtern der Erwachsenensprache haben diese erstens gemeinsam, dass sie wiederholt gebraucht werden: Sie sind «phonetisch konsistent» (Kauschke 2000). Doch ist, anders als bei den Wörtern der Erwachsenensprache, ihr Gebrauch stark an bestimmte Handlungs- und Situationszusammenhänge gebunden. So mag etwa das verbreitete *hamham* nur verwendet werden, wenn die Bezugsperson dem Kind einen Löffel an die Lippen hält, wohingegen *essen* situationsunabhängig als echtes sprachliches Symbol gebraucht wird. Auch entspricht die Realisierung der Lautfolgen noch nicht unbedingt präzise den zielsprachlichen Silben. Man spricht aus diesen Gründen von ‹Protowörtern›.

Es könnte nun der Eindruck entstanden sein, als würden die Phoneme unabhängig von den (Proto-)Wörtern erworben. Das trifft nicht zu, denn tatsächlich kann ein attraktives Wort für das Kind Anlass sein, sich mit einem Phonem abzumühen, das eigentlich noch nicht ins Repertoire passt. So kommt bei Annalena im 12. Lebensmonat und damit vorzeitig der Velar /k/ in *kikeriki* vor, einem zweifellos attraktiven lautmalerischen Wort (Elsen 1991). Eine sprachvergleichende Studie ergab, dass sich mehrere Kinder z. B. mit dem jeweiligen Wort für *Schuh* abmühten, obwohl es im Englischen und Französischen mit einem Frikativ (*shoe*, *chaussure*) und im Schwedischen gar mit einer – für Kleinkinder besonders schwierigen – Konsonantenverbindung beginnt (*sko*).

3. Der Erwerb der Wörter

3.1 Wortschatzerwerb und Input

Das Kind muss das Phonemsystem und die Wortformen seiner Muttersprache **lernen**, d. h., es muss der Sprache seiner Umgebung die notwendigen Informationen entnehmen können: es braucht ‹Input›. Dabei ist Imitation die entscheidende Quelle der Wortformentwicklung. Dass z. B. im Deutschen ‹geben› mit *geben* und im Englischen mit *give* bezeichnet wird, kann das Kind nicht anders erschließen.

Gewöhnlich erlernen kleine Kinder **Wortformen** (von den Wortbedeutungen ist hier noch nicht die Rede) bereits, wenn sie sie wenige Male gehört haben, u. U. genügt sogar einmalige Exposition. Das lexikalische Wissen erlaubt es dem Kind auch, neue Wörter zu bilden. Dies impliziert die Fähigkeit, entscheiden zu können, ob eine Lautform ein mögliches Wort der Muttersprache darstellt oder nicht (sog. phonotaktisches Wissen). Englische Sprecherinnen haben, mit einem Beispiel von Chomsky, die Formen *strid* und *bnid* noch nie gehört, können aber mit Sicherheit entscheiden, dass *bnid*, anders als *strid*, kein mögliches Wort des Englischen ist. Deutsche Sprecher kommen zu demselben Schluss, arabische hingegen urteilen gerade umgekehrt. Dieses Wissen übersteigt logischerweise die Erfahrung, denn die Sprecherinnen beurteilen ja Formen, die sie zuvor gar nicht gehört haben können. Neben der Imitation des Inputs haben wir es also auf dem Gebiet des Erwerbs der Wortformen auch mit Regelbildung zu tun.

Für den Erwerb des Wortschatzes ist also Erfahrung in Form von Input von ausschlaggebender Bedeutung. Sieht man von krassen Fällen sozialer Isolation ab (vgl. unten, Kap. 5.3), bekommen alle Kinder sprachlichen Input, schon weil sich die Menschen in ihrer Gegenwart miteinander unterhalten. Es ist unstrittig, dass Kinder von Äußerungen dieser ‹mitgehörten

Sprache› profitieren können. Wir werden auch sehen, dass Kinder, die nur diese Form von Input haben, gleichwohl Sprache erwerben (vgl. Kap. 3.1). In jüngster Zeit wurde aber durch aufwendige empirische Studien gezeigt, dass der Wortschatzerwerb vor allem von der ‹kindgerichteten›, der direkt an das Kind gerichteten Sprache (**KGS**; Szagun 2013) profitiert. So hatten Kinder, die mit 19 Monaten mehr KGS gehört hatten als eine Vergleichsgruppe, mit 24 Monaten einen signifikant größeren Wortschatz. Dabei scheint es keine Rolle zu spielen, ob die KGS von primären Bezugspersonen, anderen Erwachsenen oder Geschwistern kommt. Hingegen führten Unterschiede in der Menge mitgehörter Sprache mit 19 Monaten nicht zu vergleichbaren Unterschieden in der Größe des Wortschatzes mit 24 Monaten. Dasselbe wurde auch für etwas ältere Kinder (um den dritten Geburtstag herum) gezeigt. Vielleicht hat mitgehörte Sprache weniger Einfluss auf den Wortschatz, weil dieser Typ von Input eher nicht in Situationen auftritt, in denen Kind und Kommunikationspartner miteinander interagieren. Solche Interaktionssituationen aber begünstigen nach einhelliger Auffassung den Spracherwerb. Daraus folgt: Wer die Sprachentwicklung seines kleinen Kindes fördern will, muss die direkte Kommunikation mit ihm suchen (Grimm 2012).

Als ‹KGS› bezeichnet man zwar jede Äußerung, die Bezugspersonen an das Kind richten, also auch solche, die sich in ihrer Form nicht von Äußerungen unterscheiden, die Erwachsene untereinander verwenden. Die Forschung hat aber gezeigt, dass man drei besondere Arten von KGS idealtypisch beschreiben kann, die sich in Form und Funktion von Erwachsenenäußerungen unterscheiden, nämlich die ‹Ammensprache›, die ‹stützende Sprache› und die ‹lehrende Sprache› (Weinert/Grimm 2008). Ich gebe im Folgenden eine kurze Charakterisierung der Ammensprache und der stützenden Sprache, die für die Wortschatzentwicklung des Kindes von besonderem Interesse sind. Die lehrende Sprache wird uns dann im Zusammenhang mit der Grammatikentwicklung beschäftigen (vgl. unten, Kap. 5.2).

Ammensprache wird Säuglingen im ersten Lebensjahr gegenüber eingesetzt und zeichnet sich idealtypisch durch hohe Tonlage, deutliche Artikulation insbesondere der Vokale, übertriebene Satzmelodie, Pausen zwischen den einzelnen Phrasen, Betonung besonders wichtiger Wörter, Wiederholungen und Vermeidung komplizierter Sätze aus. Man kann beobachten, dass dieses Register, u. U. mit gewissen Modifikationen, auch gegenüber Ausländern, geistig Behinderten, alten Menschen und (kleineren) Tieren angewendet wird. Man spricht der Ammensprache zwei Funktionen zu: Erstens fokussiert die Dialogsituation die Aufmerksamkeit des Kindes und ermöglicht es ihm, Beziehungen zwischen dem eigenen Verhalten und dem der Bezugsperson zu erkennen. Da die Bezugsperson das Verhalten des Kindes interpretiert, verleiht sie diesem auch für das Kind Bedeutung – das Kind beginnt, begriffliche Repräsentationen aufzubauen. Damit ist ein Grundstein für den Erwerb der Wortbedeutungen gelegt (vgl. Kap. 3.3). Zweitens: Die Aufgabe, die für die Muttersprache spezifischen Phoneme und Silben zu erkennen und schließlich auch zu produzieren, wird durch die deutliche Artikulation und Segmentierung erleichtert.

Die Ammensprache weist kulturelle Unterschiede auf. So ist das u. a. im Amerikanischen, Deutschen und Chinesischen zu beobachtende Merkmal ‹hohe Tonlage› im Spanischen weniger ausgeprägt. Vor allem aber gilt: Nicht alle Kulturen kennen ein Register vom Typ der Ammensprache. Zum Beispiel richten die steinzeitlich lebenden Kaluli in Neuguinea an Säuglinge zwischen 0;6 und 1;0 eher einseitige Äußerungen wie Aufforderungen, weil sie der Meinung sind, man dürfe die frühen kindlichen Ausdrucksformen nicht fördern (Schieffelin 1990). Die K'iche'-Maya in Guatemala wiederum behandeln kleine Kinder nicht als Gesprächspartner, weil sie ihre empfindlichen Seelen nicht stressen wollen (Pye 1992). Auch die Einwohner von Trackton, einem in den 1970er Jahren von sieben afroamerikanischen Familien bewohnten Ortsteil der Gemeinde Gateway in den Piedmont Carolinas (USA), verwendeten keine Ammensprache (Heath 1983). Sie waren der Meinung, Säuglinge seien keine adäquaten Gesprächspartner und sie könne nichts gelehrt werden. Weil sich alle Mitglieder der kleinen Gemeinde für alle Kinder zuständig fühlten und die Kinder in jedes Geschehen integriert waren, wurde zwar in ihrer Umgebung ständig kommuniziert, aber es gab keine auf sie zugeschnittenen Äußerungsformen. Ammensprache ist also kein universales Register von Erwachsenen im Kontakt mit Kindern im ersten Lebensjahr. Daraus kann man schließen, dass Ammensprache zwar ein nützliches, aber **kein notwendiges** Register für das Gelingen des Spracherwerbs ist.

Die Mutter-Kind-Dialogsituation (*Mutter* möge hier für ‹Bezugsperson› stehen) wird im zweiten Lebensjahr des Kindes in Form der ‹**stützenden Sprache**› ausgebaut. Die Mutter lenkt die Aufmerksamkeit des Kindes auf bestimmte Ausschnitte der Realität, z. B. auf Abbildungen in einem Bilderbuch, und gibt in Form von Routinen einfache Dialogstrukturen vor, die den Worterwerb erleichtern. Doch wäre es falsch zu vermuten, dass allein die Mutter aktiv ist. Vielmehr verfügt das Kind über Handlungsweisen, z. B. Zeigegesten, durch die es die Interaktion mit steuern kann. So kann es mit vorsprachlichen Mitteln schon in einer frühen Phase ein evidentes Problem lösen: Im Dialog muss es herausfinden, wovon die Rede ist. Damit ist es aber am Beginn des Spracherwerbs oft überfordert. Also beeinflusst es, worüber gesprochen wird, mit vorsprachlichen Mitteln selbst. Im folgenden Gesprächsausschnitt aus Buchholz (1999) zeigt Moritz (MO) im Alter von 1;7,7 im Gespräch mit der Bezugsperson OMT selbst auf Abbildungen und fordert damit OMT zur Benennung auf. Die Dialoge werden in alemannischen Dialektvarianten geführt.

01 OMT	...=sch das dä schme″ttaling ↓ * ja
02 MO	# uii ↓ #
	# WILL UMBLÄTTERN, ES KLAPPT NICHT #
03 OMT	# o jöö ↑ #
	# BLÄTTERT UM #
04 MO	# ä #
	# ZEIGT AUF DIE NÄCHSTE SEITE #
05 OMT	# ooh # und do″ hm was isch au des ↑ isch des au ä claun ↓ * ä claun isch=s↓ *
	# ÜBERWÄLTIGT #
06	un ä <epfäli↓ * ä <epfäli↓ * ä <epfäli↓ * gäl↑ *
07 MO	# ou #
	# ZEIGT ETWAS IM BUCH #
08 OMT	oh <oh un do isch be″bi drin↓ un=s schau″gelpferdli↓ * <(s) schaugelpferdli
09 MO	äää↑ äää↓

(Es bedeuten: ↓ fallende Intonation; ↑ steigende Intonation; < lauteres Sprechen; ″ Akzent auf Vokal oder Diphthong; = Verschleifung von Vokalen oder zwischen Wörtern; * kurze Pause; # kommentierte Redepassagen; __ gleichzeitiges Sprechen)

In den Äußerungen 05, 06 und 08 ist die Struktur der Hervorhebung und Wiederholung des jeweiligen benennenden Substantivs augenfällig. So wird in «ä <epfäli↓» *epfäli* (*Äpfelchen*) mit zunehmender Lautstärke gesprochen, danach fällt die Intonation stark ab, und es folgt eine kurze Pause vor der (nächsten) Wiederholung. In 05 wählt OMT darüber hinaus für das einleitende *oh* eine dramatische Prosodie als Mittel, die Aufmerksamkeit von MO zu steigern und die eigene Beteiligung zu demonstrieren. Man sieht an diesem Beispiel, wie ein strukturierter Input aussieht; in diesem Stadium kann man Moritz' Reaktionen (*uii*, *ou* und *äh äh*) aber noch nicht entnehmen, wie sein ‹Intake› aussieht, was er also aus diesem Input macht.

Das ändert sich sehr bald: Mit 2;0,20 ist Moritz sprachlich deutlich aktiver, wie der folgende Dialog beim Betrachten eines Bilderbuchs mit Bezugsperson P belegt. In 05 und 07 nimmt er

Benennungskorrekturen von P mit großer Selbstverständlichkeit auf, nun lässt sich der Intake kontrollieren (vgl. die Annäherung *wasad* an die Zielform *Wasserrad* in 07).

01 MO	# <des is ä kinderwagä↓ # # ZEIGT AUF EIN BILD #
02 P	# ä hä # nai: des des isch kai kinderwagä↓ des isch ä ä lei″terwagä hm↓ # LACHT #
03 MO	leiterwagä↓ * leiterwagä↓
04 P	un was isch do/ # du″ was isch des do↑ # # ZEIGT #
05 MO	wind:as↓
06 P	ä wind″rad↓ ä wa″sserrad isch des↓
07 MO	wasad↓ [...]

(Es bedeuten: / Wort- oder Konstruktionsabbruch; : Dehnung)

In Kulturen ohne KGS fehlt auch die stützende Sprache. Kinder sind also auf die mitgehörte Sprache in ihrer Umgebung angewiesen. In Trackton werden die Jungen mit Beginn des zweiten Lebensjahrs auf den Terrassen der Häuser herumgereicht und sind sprachlichem Input der Erwachsenen ausgesetzt. Ab etwa 1;4 äußern die Jungen über jeweils mehrere Wochen kleine ganzheitliche Sequenzen, z. B. *go on, man*. Außerdem sprechen sie Äußerungsteile, vorzugsweise Endsequenzen, der Erwachsenen echohaft nach. Dies ist ein Indiz für die Aufmerksamkeit, die die Jungen der mitgehörten Sprache widmen. Die geäußerten Sequenzen sind ganzheitlich zu sehen, d. h., sie sind (noch) nicht in die einzelnen Segmente und ihre Struktur analysiert, bilden aber, als Alternative zu einem Vorgehen, bei dem zunächst die Reproduktion einzelner Wörter im Vordergrund steht, eine Möglichkeit des Einstiegs in die aktive Sprachbeherrschung. Wir werden sehen, dass sich ein solches Vorgehen im Sinne einer ganzheitlichen Strategie auch bei Kindern in Kulturen findet, die KGS kennen (vgl. Kap. 3.2). Man kann also auch für die stützende Sprache sagen, dass sie nicht universal und deshalb für den Spracherwerb auch **nicht notwendig** ist.

Die Mädchen in Trackton werden später sprachlich aktiv als die Jungen. Möglicherweise ist der Grund, dass sie zunächst von der sozialen Interaktion mit den Erwachsenen ausgeschlossen werden, was zu einer Sprachentwicklungsverzögerung führen könnte. Ob fehlende KGS regelmäßig zu einer Sprachentwicklungsverzögerung führt, ist aber umstritten. Die Beobachtungen von Pye (1992) bei den Maya sprechen für einen um etwa ein Jahr verzögerten Beginn.

3.2 ‹Analytische› und ‹ganzheitliche› Strategie

Die bisherige Darstellung legt nahe, Kinder kämen nur zur Sprache, indem sie aus den Äußerungen Erwachsener Wörter herausanalysieren und diese dann reproduzieren – eine ‹analytische› Strategie. Das ist aber nicht das einzig mögliche Vorgehen. Die Alternative ist die ‹ganzheitliche›, ‹holistische› Strategie, bei der das Kind längere Äußerungen (re)produziert und die Details später herausarbeitet. Dieses Vorgehen ist uns bei den Jungen aus Trackton schon begegnet. Clara und Wilhelm Stern (1928) haben beobachtet, dass ihr Sohn Günther (später: Günther Anders) im Unterschied zu seiner Schwester Hilde bereits im Alter von 1;2, nur vier Monate nach dem Auftreten des ersten Wortes, kleine «Sätze» äußerte, wie *da is puppe! – da is papa, süa* [*sieh mal*]*! – da is de buph* [*Fuß*]*!* Auch von 1;2 bis 1;11 blieb, so die Sterns, für Günther das Sprechen in «Sätzen» charakteristisch, mal als unverständliches «Kauderwelsch», mal auch verständlich. Dieses vielen Eltern wohlvertraute Phänomen wurde in der Forschung lange ignoriert. Erst Nelson (1973) beschrieb in einer Untersuchung der ersten Wörter von 50 Kindern bei einigen von ihnen ebenfalls komplexere Äußerungen. Da ganzheitlich vorgehende Kinder außerdem mehr Eigennamen und mehr ‹personal-soziale› Wörter (wie *hallo*, *nein*, *heia*) verwenden, nennt Nelson sie «expressive Kinder». Die Übrigen, die zunächst mehr Allgemeinnamen (wie *piepie* für *Vogel* oder *wawa* für *Hund*) erlernen und Einzelwörter äußern, also analytisch vorgehen, nennt sie «referenzielle Kinder». Doch hat Nelson auch schon gesehen, dass diese Strategien oder ‹Stile› nur bei einzelnen Kindern in einer relativ reinen Form vorkommen, während die meisten Kinder, mit unterschiedlicher Gewichtung, beide Vorgehensweisen zeigen. Heute betrachtet man deshalb die Kategorien ‹referenziell› und ‹expressiv› nicht als dichotomisch, sondern als Pole eines Kontinuums.

Elsen (1996) vertritt die plausible Auffassung, dass die Wahl zwischen den Stilen oft funktional bestimmt ist: Annalena verwendet den expressiven Stil, wenn sie die Interaktion aufrechterhalten will, den referenziellen Stil, wenn sie über die Dinge in ihrer Umgebung spricht. Längere unverständliche Äußerungen im expressiven Stil – man spricht von ‹Jargon› – treten ab 0;9 im Dialog mit der Mutter auf, z. B. *dapedädapedoh* oder *dähijömbwa* (vgl. oben, Kap. 2.2.2). Kinder können mittels solcher Jargon-Äußerungen ihre Rolle im Dialog behaupten und die Anforderungen des Sprecherwechsels erfüllen, obwohl ihnen die notwendigen Wörter noch fehlen. Auch können auf diese Weise Kommunikationssituationen gespielt werden. Katharina begann mit 1;7, sich den Telefonhörer an das Ohr zu halten, zu wählen und mehrere Minuten lang mit muttersprachlicher Prosodie zu ‹telefonieren›, wobei sie fast ausschließlich Jargon produzierte.

Ein typisches Merkmal des expressiven Stils sind sog. Amalgame, feste Ausdrücke, in denen mehrere Wörter verschmolzen sind. Annalena äußerte *data* für *das da* (ab 0;10), *getich*, *gehnis* und weitere Formen (ab 1;3,19) für *geht nicht!* (ugs.: *geht nich!*), und es kann unterstellt werden, dass sie nicht als Wortfolge, sondern als ganzheitlicher Ausdruck produziert wurden. Daraus wiederum folgt, dass sie erst in einem späteren Stadium des Erwerbs analysiert und als zusammengesetzt erkannt werden. Dass es zu solchen Äußerungen kommt, ist plausibel, denn das Kind hat ja in den ersten beiden Lebensjahren nicht nur KGS in der Form von Ammen- oder stützender Sprache als Input, also in der Regel deutlich segmentierte kurze Erwachsenenäußerungen, sondern auch KGS in Form von normalen Erwachsenenäußerungen sowie mitgehörte Sprache. D. h., es muss lernen, auch in ‹normalen› Kommunikationssituationen Äußerungen zu interpretieren, die durch allerlei Verschleifungen und Auslassungen entstellt sind: *sie warn*; *hamm* statt *haben* usw. (Schwitalla 2012). In bestimmten Kontexten werden Wörter sogar ‹resillabifiziert›: Wir sagen ugs. nicht *hoffentlich/geht/er*, sondern *hoffentlich/geh/ter*; *ter* ist aber kein deutsches Wort. Hier stehen Kinder vor einer schwierigen Analyseaufgabe, und es ist wahrscheinlich, dass Kindern manche Vollformen erst bewusst werden, wenn sie schreiben lernen.

Amalgame können gleichzeitig mit ‹analytischen› Äußerungen auftreten: Annalena produzierte z. B. Äußerungen wie: *bapaisisa* (1;3,12) und *bapaisisda* (1;3,18), hier grob orthografisch wiedergegeben, mit der Bedeutung *Papa ist nicht da*. Zur selben Zeit produzierte sie analytische Äußerungen mit derselben Bedeutung, so *nein papa* (1;3,16) und *papa da nein* (1;3,25). Dadurch wird der Kontrast zwischen expressivem und referenziellem Stil besonders augenfällig.

3.3 Der Bedeutungserwerb

3.3.1 Grundlagen des Bedeutungserwerbs. Die Phonemfolgen in den Sprachschallereignissen, dem Input des Kindes, sind Wortformen, d. h., sie tragen per definitionem Bedeutung. Clark (1993) spricht deshalb von einer ‹Abbildungsaufgabe›, vor der die Kinder stehen: Sie müssen die Wortformen ihrer Sprache isolieren, sie müssen potenzielle Wortbedeutungen aufbauen, und sie müssen die Bedeutungen auf die Formen abbilden.

Was aber heißt das: Bedeutungen aufbauen? Verstehen und bedeutungsvoller Gebrauch von Wörtern setzen Wissen voraus. Das Kind muss auf strukturierte Erfahrungen mit seiner Umwelt zurückgreifen können, es muss Begriffe und Kategorien entwickeln. Diese kognitiven Leistungen sind viel früher nachweisbar, als man lange Zeit, vor allem im Gefolge von Jean Piagets Entwicklungstheorie, glaubte: Elementare Einsichten in kausale Zusammenhänge, nämlich mechanische Verursachung, zeigen schon sechs Monate alte Säuglinge, andere konzeptuelle Differenzierungen sind ab 0;8 nachweisbar (Pauen 2007): Kinder beginnen nun, Männer von Frauen sowie Babys von größeren Kindern und Erwachsenen zu unterscheiden. Sie können auch Objekte nach Ähnlichkeiten kategorisieren, zwischen sich bewegenden Tieren (belebt) und Fahrzeugen (unbelebt) unterscheiden, und sie zeigen eine deutliche Tendenz zum Erkennen von Kausalbeziehungen, wobei sie eher Handelnde und Handlung aufeinander beziehen als Handlung und Handlungsempfänger.

Im Hinblick auf den Spracherwerb ist nach Piaget die Erkenntnis der ‹Objektpermanenz› von herausragender Bedeutung: Etwa mit 0;8 beginnen Kinder nach einem Gegenstand, der z. B. durch ein Tuch abgedeckt wurde, zu suchen. Für Piaget ist die Vorstellung von der fortdauernden Existenz eines Objekts, unabhängig von der eigenen Wahrnehmung, der erste komplexe Begriff, den das Kind entwickelt. Damit ist ein erster Meilenstein auf dem Weg zur Entwicklung der ‹Symbolfunktion› erreicht: Das Kind kann nun innere Repräsentationen von Handlungen und Gegenständen aufbauen. Indiz für den Aufbau von inneren Repräsentationen ist die ‹verzögerte Nachahmung›, denn um z. B. eine von einem Erwachsenen produzierte Bewegungsfolge mit Zeitverzögerung nachahmen zu können, muss das Kind ja zunächst eine Repräsentation dieser Bewegungsfolge gebildet haben. Auch im Spiel des Kindes manifestiert sich der beginnende Symbolgebrauch, so z. B. wenn das Kind einen Bauklotz als Auto über den Teppich schiebt und dazu Brummgeräusche macht. Solche ‹Spielsymbole› sind individuell, noch nicht konventionell (Piaget 1996). Gesten mit einer fest zugeordneten Funktion, wie z. B. das Deuten auf ein bestimmtes Objekt, um die Mutter auf dieses aufmerksam zu machen, das Winken mit der Hand als Gruß oder Kopfschütteln als Ausdruck der Ablehnung, belegen, dass das Kind etwas mitteilen will. Zugleich markieren sie den Übergang zu konventionellen Symbolen – also zu Symbolen mit willkürlicher Zuordnung zum Repräsentierten, die in der Gemeinschaft, die sie benutzt, qua Konvention festgelegt sind (z. B. Kopfschütteln). Zur selben Zeit, etwa ab 0;9, beobachtet man lautliche Äußerungen, die zwar in einem losen und situationsgebundenen Zusammenhang mit dem stehen, was sie repräsentieren: Gefühle des Kindes, Verlangen nach bestimmten Gegenständen, Verweis auf interessante Wahrnehmungen oder Gruppen von Gegenständen usw. Sie sind aber wegen ihrer gleichbleibenden Form wiedererkennbar, und wir haben sie in Kap. 2.2.3 als Protowörter kennen gelernt. Das Kind kommuniziert nun nicht mehr nur, um Bedürfnisse zu signalisieren, sondern auch um der Kommunikation selbst willen, eine für den weiteren Verlauf des Spracherwerbs wichtige Tätigkeit, die man bei sprachtrainierten Affen in dieser Form nicht findet. Die Protowörter können auf spontane Lautproduktionen der Kinder zurückgehen, die von den Bezugspersonen aufgegriffen werden; ein Beispiel ist der Diphthong /ai/, der in Verbindung mit der Streichelgeste gebraucht wird. Es kann sich aber auch um lautmalerische Äußerungen handeln, wie /bmbm/ oder /brumbrum/ für *Auto*. Von echten Wörtern unterscheiden sich Protowörter durch ihre stärkere Bindung an die jeweilige Situation und dadurch, dass sie nur in Einzelfällen Bestandteil des Lexikons der Erwachsenensprache sind.

Protowörter sind Vorläufer der ersten, etwa mit 1;0 geäußerten Wörter, der im eigentlichen Sinne konventionellen Symbole. Die ersten kindlichen Wortäußerungen sind also durch den lautlichen Bezug zu den Wörtern der Erwachsenensprache definiert. Dabei treten Protowörter und Wörter eine Zeit lang parallel auf, es kann auch zu Verbindungen von beiden kommen, wie in *piepvogel* und *bähschaf* (Stern/Stern 1928).

3.3.2 Bedeutungswandel. Unter den ersten Wörtern, die das Kind äußert, finden sich kontextspezifische Bezeichnungen, z. B. *Ente*, gebraucht nur für drei gelbe Spielzeugenten. Man spricht in diesem Fall von ‹Überdiskriminierung› der Bedeutung, denn der Bedeutungsumfang ist enger als in der Erwachsenensprache. Auch das gegenteilige Phänomen, die ‹Überdehnung› oder ‹Übergeneralisierung›, wird bei ein- bis zweijährigen Kindern regelmäßig beobachtet. Szagun (2013) schätzt, dass etwa 30 % der Wörter überdehnt werden. Moë verwendet mit 1;1 das Protowort *sasa* (Wasser) für alles Flüssige, das Protowort *wawa* zunächst für die beiden Hunde der Familie, dann auch für alle anderen kleineren Tiere, Tauben eingeschlossen. Zu Übergeneralisierungen kommt es offensichtlich, weil Kinder noch unvollständige Bedeutungsrepräsentationen aufgebaut haben. Eve Clark hat diese Hypothese in den 1970er Jahren zu einer ‹Theorie der semantischen Merkmale› ausgebaut: Sie geht davon aus, dass Kinder zunächst nur recht allgemeine Bedeutungselemente (‹Merkmale›), wie [flüssig] oder [klein, läuft auf dem Boden], mit den entsprechenden Wörtern verbinden und erst nach und nach spezifischere Merkmale dazu erwerben, wie [klare, geruch- und geschmacklose Flüssigkeit] für *Wasser*. Elsen (1995) beschreibt, wie Annalena mit 0;9 das Wort *Ei* zunächst zur Bezeichnung des von ihr geschätzten Lebensmittels erwirbt, es aber mit Ende 1;0 auf alle eiförmigen bis runden Gegenstände anwendet, also überdehnt. Offensichtlich hat A. also das Wort *Ei* mit einem Bezugsobjekt, dem Referenten ‹Ei›, erworben und zwei seiner Merkmale, nämlich die ungefähre Größe und die Form, zum Anwendungskriterium gemacht. Das Ei wird damit zu einem ‹prototypischen› Referenten für das Wort *Ei*, seine Merkmale bilden die Grundlage der Überdehnung. Mit 0;11,11 erwirbt A. das Wort *Ball* und verwendet es von 1;0 bis ca. 1;2 auch in der Bedeutung von *Kugel*. Interessant ist, dass sie ab ca. 1;2,5 *Ei* zunächst auch zur Bezeichnung von Tomaten, dann auch von Mohrenköpfen und Kartoffeln gebraucht, nicht mehr zur Bezeichnung von Nicht-Essbarem. Elsen schließt daraus: A. hat nun, neben den Merkmalen der ungefähren Größe und der Form, für *Ei* ein weiteres Merkmal [essbar/schmeckt gut] erkannt, das den Anwendungsbereich einschränkt. Für runde Gegenstände stehen zwei Wörter, *Ei* und *Ball*, zur Verfügung, wobei das Erstere (kleinere) essbare, das Letztere nicht-essbare bezeichnet. Wie dieses Beispiel zeigt, orientieren sich Kinder nicht nur an – ihrerseits variablen – Merkmalen, sondern sie nutzen auch die Orientierung an ‹Prototypen›, also für sie prominenten Referenzobjekten (Szagun 2013). Diese können als erste Anhaltspunkte für Klassenbildungen und gemeinsame Bezeichnung dienen, wie im Beispiel von *Ei* für alle kleineren runden Objekte.

Die frühen Wortbedeutungen sind also instabil, die Wörter machen einen ‹Bedeutungswandel› durch (Stern/Stern 1928).

Die Sterns vermuten, dass ein Grund dafür die noch nicht durchstrukturierten Begriffe der Kinder sein könnten. Plausibel erscheint auch die Annahme, dass Kinder, wenn ihnen das zutreffende Wort fehlt, ein einigermaßen passend erscheinendes wählen. Manchen Überdehnungen könnte dann eine Art Ähnlichkeitsurteil zugrunde liegen (*wawa* für *Taube* könnte also heißen: *Die Taube ist auch so eine Art wawa = Hund*). D. h., wenn das Kind *wawa* zu einer Taube sagt, weiß es möglicherweise, dass die Taube kein Hund ist, so wie es auch weiß, dass die Schachtel, die als ‹Spielsymbol› ein Auto repräsentiert, kein Auto ist (vgl. Kap. 3.3.1).

3.3.3 Benenneinsicht und ‹Theorie des Geistes›. Sind die ersten 50 Wörter erworben, kommt es mit etwa 1;6 bei vielen Kindern zu einem rasanten Anwachsen des Wortschatzes, dem ‹Vokabelspurt›. Als eine mögliche Ursache dieses Phänomens kommt die ‹Benenneinsicht› in Frage. Demnach gelangt das Kind etwa mit 1;6 zu der bahnbrechenden Erkenntnis, dass alle Gegenstände in seiner Umgebung einen ‹Namen› haben. Die Benenneinsicht führt zu den allen Eltern vertrauten Benenndialogen, und es gilt als sicher, dass Mütter, die mit ihren Kindern häufig Benennungsspiele spielen, diesen beim Wortschatzaufbau helfen. Außerdem scheint der Vokabelspurt mit dem Fortschreiten der phonologischen Fähigkeiten zusammenzuhängen, also der Fähigkeit, schwierigere Wortformen zu lernen (Elsen 1999).

Was bringt das Kind für den Bedeutungserwerb mit? Wir haben in Kap. 3.3.1 gesehen, dass das Kind im ersten Lebensjahr die Fähigkeit erwirbt, elementare Kategorisierungen seiner Umwelt vorzunehmen. Damit ist eine Voraussetzung der Abbildungsaufgabe, also Wortformen Bedeutungen zuzuweisen und umgekehrt, erfüllt. Doch ist die Abbildungsaufgabe auch in scheinbar einfachen Benennsituationen, also für Gegenstandswörter (Konkreta), viel schwieriger zu lösen, als man vermuten möchte – von Abstrakta wie *Glaube*, *Hoffnung*, *Liebe* ganz zu schweigen. Die erstaunlichen Komplikationen hat der amerikanische Philosoph Quine (1960) am Beispiel eines Forschers durchgespielt, der in Begleitung eines Ureinwohners, dessen Sprache er nur rudimentär mächtig ist, auf ein Kaninchen trifft. Der Ureinwohner tut die Äußerung *gavagai*, und Quine zeigt, dass die Möglichkeiten der Bedeutungszuweisung theoretisch unbegrenzt sind. Woher weiß in vergleichbarer Situation in Gegenwart eines Hundes ein Kind, so fragen Weinert/Grimm (2008), dass das Wort *Hund* sich nicht auf den Knochen, die Handlung des Nagens, auf den Schwanz, die Schnauze oder die Farbe des Hundes bezieht? Wie kann das Kind aus den vielen möglichen Bedeutungen eines Wortes die richtige herausfinden?

Markman (1990) hat dazu einen stark beachteten Vorschlag gemacht: Sie geht davon aus, dass Kinder nicht jeweils eine unüberschaubare Zahl von Hypothesen über mögliche Bedeutungen eines Wortes prüfen und verwerfen müssen, dann wäre nämlich der Bedeutungserwerb ein hoffnungsloses Unterfangen. Vielmehr gehen die Kinder an diese Aufgabe mit Annahmen heran, die die Zahl möglicher Hypothesen einschränken. Eine solche Beschränkung, die ‹Ganzheitsannahme›, sagt dem Kind, ein neues Wort in einer Benennsituation sei auf das ganze Objekt zu beziehen, nicht auf Teile davon, Farbe oder Material. Ungeklärt ist allerdings die Frage, wie derartige Beschränkungen entstehen: Die Ganzheitsannahme etwa könnte als solche angeboren, aber auch auf andere, allgemeinere kognitive Mechanismen zurückführbar sein. Außerdem lassen sich Beschränkungen wie die Ganzheitsannahme nur auf Benennsituationen mit einem wahrnehmbaren Gegenstand und deshalb auf den Erwerb von Substantiven für Objekte anwenden. Wie die Bedeutung von anderen Wörtern erworben wird, bleibt offen. Man findet aber schon im frühen Wortschatz des Kindes neben Objektwörtern auch Wörter für Handlungen, Bewegungen, Ereignisse, soziale Routinen, beispielsweise Grüße, sowie für Substanzen (*Wasser*) und für zeitlich definierte Einheiten (*Tag*). Dass aber unbestreitbar im frühen Wortschatz des Kindes Objektwörter eine besondere Rolle spielen (vgl. unten, 3.2.3), kann man mit der herausragenden Rolle von Gegenständen in der sozialen Interaktion mit Bezugspersonen erklären. Dazu braucht man also keine auf Objekte zugeschnittenen, vorgängig verfügbaren Beschränkungen anzunehmen.

Damit ist auch schon eine Alternative zur Annahme von Beschränkungen angedeutet: Die Quine'sche Situation ist, und Quine hat sie bewusst so konstruiert, unrealistisch in dem Sinne, dass in ihr von jeder Form geteilter kultureller Information, geteilter Kommunikationsabsicht und anderer Hintergrundinformationen zur Erschließung der Intention des Ureinwohners abstrahiert wird (Tomasello 2003). Kinder lernen ihre Sprache aber nicht in einem solchen Vakuum, sondern mitten in bedeutungsvollen sozialen Interaktionen, in denen sie eine gemeinsame Basis mit den erwachsenen Gesprächspartnern teilen. Diese Basis dient dazu, Hypothesen über die Bedeutung eines Wortes zu begrenzen, auch ohne sprachspezifische Beschränkungen wie die Ganzheitsannahme. Grundlegend für den Bedeutungserwerb ist nach dieser Auffassung die Fähigkeit des Kindes, sich ein Bild von inneren Zuständen anderer Personen zu machen, d. h., es muss zumindest ansatzweise über eine, wie man in der Psychologie sagt, ‹Theorie des Geistes› verfügen. Nun kann man keinesfalls davon ausgehen, dass Kinder um den ersten Geburtstag herum eine derart komplexe Fähigkeit schon voll entwickelt haben. Doch scheint es frühe Formen eines Verständnisses absichtsvollen Handelns zu geben: So bevorzugen schon sechs Monate alte Kinder Szenen, in denen menschliche Agenten ein Objekt manipulieren, gegenüber solchen, in denen dieselbe Handlung von einem mechanischen Greifarm ausgeführt wird (Pauen 2007). Tomasello (2003) zeigt, dass Kinder mit etwa 1;0 die Fähigkeit entwickeln, andere Personen als absichtsvoll Handelnde zu verstehen sowie deren Aufmerksamkeit, Gefühle und Verhalten gegenüber Objekten der Umwelt zu verfolgen und zu teilen. Dem Bedeutungserwerb liegt demnach eine Form von gemeinschaftlicher Aufmerksamkeit (‹joint attention›), genauer ‹triadischer Aufmerksamkeit›, zugrunde: Beteiligt sind ein Erwachsener, ein Kind und, z. B., ein Plüschhund. Sagt der Erwachsene nun *ein wauwau*, so ist diese intentionale Handlung an das Kind, nicht den Hund gerichtet, und das Kind versteht, dass der Erwachsene mit seiner Lautäußerung darauf abzielt, es zu einer eigenen absichtsvollen Handlung zu veranlassen, nämlich die

Aufmerksamkeit auf den Hund zu richten. Aber nicht nur das: Das ‹imitative Lernen› eines solchen Kommunikationsaktes, die erfolgreiche Übernahme des Gebrauchs eines sprachlichen Ausdrucks, verlangt nach Tomasello, dass das Kind einen Rollenwechsel vollziehen kann: «Wenn ICH ANDERE auf den Hund aufmerksam machen will, dann muss ICH IHNEN gegenüber die Lautfolge ‹Wauwau› gebrauchen.» Bedeutungserwerb geht in dieser Sicht mit der Entwicklung der sozial-kognitiven Fähigkeiten um den ersten Geburtstag herum einher. Dass viele autistische Kinder sich mit dem Wortschatzerwerb schwertun, kann man deshalb mit ihrer defizienten Theorie des Geistes in Verbindung bringen (Parish-Morris et al. 2007).

Die wichtige Rolle der Absichtszuschreibung in direkter Interaktion für den Wortschatzerwerb wird durch Studien bestätigt, die zeigen, dass Kinder in den ersten drei Lebensjahren Wörter für neue Gegenstände nur übernehmen, wenn eine andere Person sie absichtsvoll äußert, nicht aber, wenn die Stimme vom Band kommt oder die Szene per Video präsentiert wird. Es ist deshalb nicht erstaunlich, dass kleine Kinder mit hohem Medienkonsum nicht zwangsläufig auch einen vielfältigen Bedeutungserwerb zeigen. Tatsächlich kommt es auf das Alter der Kinder und darauf an, wie die Programme gemacht sind. Adäquate TV-Kinderprogramme für das Vorschulalter können die Wortschatzentwicklung durchaus fördern (Böhme-Dürr 2000). Das wurde für die «Sesamstraße» in umfangreichen Studien nachgewiesen (Mares/Pan 2013). Der übermäßige Konsum nicht kindgerechter Sendungen hingegen kann nach Spitzer (2013) negative Konsequenzen für die kindliche Entwicklung allgemein haben. Das gilt mutatis mutandis auch für die Nutzung von Tablet-Computer und Smartphone (BLIKK 2018).

Die Hypothese, das Erkennen der Bezeichnungsabsicht sei eine notwendige Bedingung für den Erwerb der Bedeutung auch von einfachen Objektwörtern wie *wauwau*, ist beim gegenwärtigen Stand der Forschung plausibel. Für komplexere oder abstrakte Bedeutungen aber ist sie m. E. derzeit alternativlos: Für komplexe Objekte, Handlungen und Ereignisse wird die Einheit des Bezeichneten nämlich erst durch die einheitliche Bezeichnungsintention konstituiert. Verben wie *geben*, *machen*, *spielen* usw. bezeichnen Handlungen, die dann beginnen, wenn ein Ereignis zweckhaft eingeleitet wird, und die damit enden, dass die Absicht erfüllt ist. Für die Ableitung der Bedeutung von Substantiven wie *Spiel* oder *Party* gilt das in ähnlicher Weise, denn was z. B. ein Spiel ausmacht, wann es beginnt und wo es endet, ist auf subtile intentionale und soziale Faktoren gegründet und nicht ‹gegenständlich›. Auch die schwierige Frage, wie Kinder die Bedeutung von Oberbegriffen (*Spielzeug*, *Möbel* usw.) erwerben, kann man vor dem Hintergrund ‹intentionalistischer› Vorstellungen angehen: Die subsumierten Gegenstände können sich ja in der Form erheblich unterscheiden, was insbesondere für Kategorien von Artefakten wie die soeben genannten gilt, aber auch für ‹natürliche› Kategorien wie *Lebewesen*. Es erscheint, anders als im oben erwähnten Fall des Erwerbs der Bedeutung von *Ei*, schwierig, sich in diesen Fällen an einem Prototypen zu orientieren: Was ist das prototypische Spielzeug? Eine Puppe? Legosteine? Deshalb ist für Erwachsene die Einheitlichkeit der Funktion ein Anhaltspunkt für die Kategorienzugehörigkeit, während Kinder sich eher auf die Unterstellung **einer** Bezeichnungsintention verlassen, die sich auf unterschiedliche Ereignisse oder Gegenstände beziehen kann.

3.4 Der Verlauf des Wortschatzerwerbs

3.4.1 Das Auftreten der ersten Wörter. Eine durchgängige Erkenntnis besagt, dass der Verlauf des Wortschatzerwerbs außerordentlichen individuellen Schwankungen unterliegt. Die ersten Wörter treten mit der großen individuellen Bandbreite von 0;10 bis 1;9 auf. Kinder, die früh die ersten Wörter äußern (‹frühe Wortlerner›), behalten ihren Vorsprung bei sprachlichen Leistungen auch im 2. und 3. Lebensjahr, Kinder, die spät beginnen (‹späte Wortlerner›), erreichen die 50-Wörter-Schwelle und das Stadium der ersten Wortkombinationen, das im Durchschnitt mit etwa eineinhalb Jahren einsetzt, vier bis sechs Monate nach den frühen Wortlernern. Angesichts der großen individuellen Bandbreite des Beginns des Worterwerbs besteht für Eltern, deren Kinder mit einem Jahr noch kein Wort äußern, kein Anlass zur Besorgnis. Anders, wenn ein Kind mit 2;0 noch nicht die 50-Wörter-Schwelle erreicht hat, was bei 14–19 % der Kinder der Fall ist (Grimm 2012). Von diesen holt etwa die Hälfte den Rückstand bis zum dritten Lebensjahr auf. Für die übrigen Kinder aber besteht die Gefahr einer Sprachentwicklungsstörung (vgl. unten, Kap. 8).

Der ersten Wortäußerung geht das **Verstehen** von Wörtern um mehrere Monate voraus. In einer Längsschnittstudie an 40 Kindern im Alter von 0;9 bis 1;9 fand man die ersten Wörter mit durchschnittlich etwa 1;0, das Verstehen von 50 Wörtern war mit durchschnittlich 1;1 erreicht, die Produktion von 50 Wörtern erst mit knapp 1;6 (Kauschke 2000). Nach einer Studie von Bates et al. (1994) an 1803 Englisch sprechenden Kindern wurden mit 1;4 durchschnittlich 44 Wörter aktiv beherrscht. Die individuellen Unterschiede aber waren enorm: Die Zahlen lagen zwischen einigen wenigen und 120 Wörtern!

Bei Zweijährigen zählt man durchschnittlich aktiv zwischen 200 und 300 Wörtern, wiederum mit großer individueller Bandbreite. Mit zweieinhalb Jahren beherrschen Kinder im Durchschnitt mehr als 500 Wörter; zwischen 1;0 und 2;6 verzehnfacht sich also der Wortschatz. Für Sechsjährige geben Butzkamm/Butzkamm (2008) einen aktiven Wortschatz von über 5000 Wörtern an. Der ‹Zielzustand›, der Wortschatz Erwachsener, ist allerdings nicht verlässlich zu berechnen (Dittmann 2002), deshalb lässt sich auch die weitere quantitative Wortschatzentwicklung nicht sinnvoll beschreiben.

3.4.2 Die Qualität der frühen Wortäußerungen. Der Weg zur Beherrschung der Wortformen ist steinig. Erst ab etwa 1;2–1;4 übertrifft die Zahl der Wort- bzw. Protowortäußerungen die der Babbeläußerungen. Schaut man sich die ersten Wörter von Annalena mit 0;11 an (Elsen 1991), dann sieht man, dass hier neben Phonemen des Deutschen (wie dem Konsonanten /b/ und dem Vokal /a/ in [baba], *Vater*) auch noch Laute auftreten, die im Deutschen keinen Phonemstatus haben, z. B. im Wort [aðða], *Essen*, der stimmhafte *th*-Laut, wie in engl. *the*. Im Bedarfsfall müssen auch nichtsprachliche Laute herhalten. *Hase*, ein artikulatorisch mit 0;11 noch nicht bewältigtes Wort, ersetzt Annalena durch ein Schnüffeln – wegen der damit verbundenen Bewegung von Oberlippe und Nase durchaus naheliegend (Elsen 1991). Schon Jakobson hatte erkannt, dass die ‹wilden Laute› nicht nur in der Babbelphase, sondern auch später ersatzweise verwendet werden, wenn die Phoneme des Wortes noch nicht (alle) zur Verfügung stehen. Für Annalena ist der Fortschritt von Protowörtern bzw. ammensprachlichen Wörtern zu den erwachsenensprachlichen Zielwörtern gut dokumentiert. So ersetzt sie [wawa] mit 1;2,26 durch [ʔɯnt], etwa *unt*. Das lautmalerische Protowort [bm] für *Auto* äußert sie ab Anfang 1;2 im Wechsel mit [atɔ], etwa *atto* mit offenem /o/, ab 1;2,14 verwendet sie [a:to], etwa *aato* mit geschlossenem /o/. Das Protowort [dada] für *Tag!* wird mit 1;2,14 durch [ta:kʰ] ersetzt, was dem Zielwort entspricht. Manchmal sind längere Annäherungen und Umwege nötig, so bei *Hase*: Das Schnüffeln weicht mit 1;2,3 den Parallelformen [a:zə] (*ahse*) und [ada] (*adda*), nach einer Pause von vier Wochen folgen mit 1;2,30 dann [ha:dzə] (*hahdse*) und [haza] (*hasa*). Auch der Übergang vom Protowort [ba] für *Buch* und *Papier* (eine Übergeneralisierung) zu [bədi:ə] für Papier mit 1;2,30 führt erkennbar nicht direkt zum Zielwort. Simons Äußerungen wiederum sind noch im Alter von 1;7 Jahren vielfach nur mit Mühe als Wörter des Deutschen zu erkennen (Penner 2000). So artikuliert er z. B. *Blume* als [bu:mɪ], etwa: *buhmi*, *Schwanz* als [ʔa:nɪ], etwa: *ani*, und *Nilpferd* als [ni:n], etwa: *nien*. Typische «Fehler» von Kindern auf der Ebene von Phonemgruppen bzw. Silben sind die Auslassung unbetonter Silben (*Banane* > *nane*), Vereinfachungen von Konsonantengruppen (*Fliege* > *fiede*), Silbenverdopplungen (*Mund* > *mama*) bzw. Silbenwiederholungen (*Baby* > *baba*), vorwärts- und rückwärtsgerichtete Angleichungen (*pot* > *pop*; *top* > *pop*), Akzentverschiebungen in Richtung des im Deutschen vorherrschenden Trochäus (*Elefánt* > *élefant*) und Silbenvertauschungen, die aus einem Jambus einen Trochäus machen (*Kamé:l* > *mé:lka*; Katharina mit 1;6).

3.4.3 Die Reihenfolge des Erwerbs. In der ‹Hitliste› der ersten Wörter finden sich erwartungsgemäß die Substantive *Mama* und *Papa*, auch *Ball* und *Baby* (Grimm/Wilde 1998; Szagun 2002). Szagun fand auch die Verben *anzieh'n*, *haben*, *geht*; das Adjektiv *heile* und die Funktionswörter (grammatischen Partikel) *da*, *ja*, *nee/nein*, *auf*, *hier*, *das*, *ab*, *die*, *weg* und *an*. Mit 1;8 Jahren kommen hinzu bei den Substantiven *Puppe*, *Teddy*, *Hase*, *Schuh*, *Bagger*, *Katze*, *Mond* u. a.; bei den Verben *nehmen*, *malen*, *spielen*, *fahren*, *machen* u. a.; bei den Adjektiven *lecker* und *blau* und bei den Funktionswörtern *so*, *rein*, *zu*, *auch*, *mehr*, *hallo*, *ein*, *den* u. a.

Unter den frühen Wörtern der Kinder findet man Bezeichnungen von Menschen in ihrem Umfeld, von Tieren (Spielzeugtiere oder Abbildungen, ggf. Haustiere), von (anderem) Spielzeug, Kleidungsstücken, Nahrungsmitteln, Körperteilen, Gegenständen im Haushalt und Fahrzeugen. Man findet aber ebenso ‹personal-soziale Wörter›, nämlich für Begrüßungen (*winkewinke* oder das artikulatorisch einfache alemannische *ada* von *adieu*) und ‹Routinen›, z. B. *heia* (für *schlafen/schlafen gehen/Augen schließen* usw.). Die Verben des frühen Wortschatzes bezeichnen Handlungen aus dem unmittelbaren Erfahrungsbereich des Kindes, die mit Bewegung verbunden sind, wie *anzieh'n*, *nehmen*, *spielen* und *fahren* oder *geht*, wobei zunächst die Bezeichnung eigener Bewegungen überwiegt. Auch *haben* gehört in die Kategorie der Aktionsverben, da es als Aufforderung geäußert wird ([*ich will das*] *haben*). Verben, die das Verständnis kausaler Zusammenhänge voraussetzen, wie *geben* oder *öffnen*, sind semantisch komplexer und werden später erworben. Schließlich kommen bereits Wörter vor, die Eigenschaften bezeichnen, wie *lecker*, *gut*, *viel*, *heiß* und einzelne Farbwörter.

Früh schon verfügen Kinder über Wörter, die psychische Prozesse bezeichnen und in Zusammenhang mit der Entwicklung der ‹Theorie des Geistes› zu sehen sind (vgl. oben, Kap. 3.3.3). Kauschke (2000) fand, dass Kinder mit 1;1 ihre ‹gefühlsmäßige Beteiligung› durch expressive Interjektionen wie *oh*, *ei* usw. ausdrücken. Mit 1;9 enthält der Wortschatz weitere bewertende Wörter (wie *prima*, *gut/besser*, *weh*), aber auch Verben für den

Willensausdruck und die Bezeichnung von mentalen Zuständen (*wollen*, *wissen*) sowie *Angst* als Bezeichnung für ein Gefühl. Mit 3;0 ist das Vokabular für den Ausdruck von innerpsychischen Prozessen dann bereits höchst differenziert: Es enthält u. a. Substantive für Gefühle und mentale Prozesse (*Idee*), Verben, die sich auf emotionale Vorgänge beziehen (*mögen*, *brauchen*, *dürfen*, *weinen*, *streiten*, *helfen*), sowie Verben für vielfältige mentale Prozesse (*wissen*, *vergessen*, *glauben*).

Wenn ich oben die ersten Wörter nach grammatischen Kategorien (Substantiv, Verb usw.) sortiert habe, darf das nicht missverstanden werden: Bei etwa Einjährigen haben die Wörter mit Sicherheit noch nicht die grammatische Funktion, die ihnen in der Erwachsenensprache zukommt. Der Einfachheit halber werden im Allgemeinen gleichwohl die frühen Wörter nach den Wortarten der Erwachsenensprache kategorisiert. Unter den ersten 50 Wörtern überwiegen bei den meisten Kindern die Substantive. Dies wurde bei Kindern mit unterschiedlicher Muttersprache gefunden, man spricht von ‹Substantiv-Vorliebe› des Kindes. Szagun (2002) errechnete bei 15 von 17 deutschen Kindern einen Anteil von 64,6 % Substantiven, 23,4 % Funktionswörtern, 7,1 % Verben und 4,6 % Adjektiven. Zwei Kinder zeigten aber ein anderes Bild: Bei ihnen waren unter den ersten 50 Wörtern die Funktionswörter mit 63 % am stärksten vertreten, gefolgt von Substantiven mit 29,5 %, Adjektiven mit 5 % und Verben mit 3 %. Dieser Kontrast korrespondiert Nelsons Unterscheidung zwischen ‹referenziellen› und ‹expressiven› Kindern (vgl. oben, Kap. 3.2). Die beiden Erwerbsstile führen zu verblüffenden individuellen Unterschieden: Kauschke (2000) beschreibt die Verteilung bei drei Kindern, von denen eines (Hanna) im zweiten Lebensjahr noch über gar keine Substantive verfügt, während bei einem anderen (Vanessa) die Substantive mit einem Anteil von ca. 45 % die größte Gruppe bilden.

3.4.4 Die spätere Wortschatzentwicklung. Die frühen Phasen der Wortschatzentwicklung beim Kind sind sicher die spannendsten, doch ist klar, dass die Wortschatzentwicklung des Menschen ein Leben lang anhält. Insbesondere darf man nicht übersehen, dass auch beim älteren Kind noch Bedeutungswandel stattfindet, allerdings ist er subtiler als beim jüngeren Kind und ohne genauere Analyse oft gar nicht nachweisbar. Betroffen sind, versteht sich, vor allem Abstrakta. Untersucht wurde u. a. der Erwerb von *Leben*, *Mitleid*, *Mut*, *Geld* und *Bank*. Szagun, die sich mit *Mitleid* und *Mut* befasst hat, geht davon aus, dass die Assoziation zwischen Wortform und Begriff schnell erlernt wird und stabil bleibt, dass sich aber der Begriff selbst (als Bedeutung der Wortform) im Laufe der Entwicklung stark verändert. Den Bedeutungswandel von *Mut* z. B. erhoben Szagun/Schäuble (1997) mittels eines Fragebogens und eines Interviews. Es zeigte sich, dass Sechsjährige die Erfahrung von Mut als Gefühl der Stärke oder den Gedanken an die Gefahr beschreiben, aber nicht mit Bezug auf Angst oder deren Überwindung. Mit zunehmendem Alter werden dann mehr Gefühle und psychische Zustände benannt, das Abwägen der Gefahr und das Gefühl der Stärke sind weiterhin dabei, aber die Faktoren Angst und Überwindung der Angst werden zunehmend häufiger angeführt. Ab dem 9. Lebensjahr wird Mut als zeitliche Folge von psychischen Zuständen erfahren, Erwachsene berichten übereinstimmend ein anfängliches Angstgefühl, gefolgt von dessen Überwindung, was sie als konflikthaft erleben. Man sieht, dass derartige Untersuchungen zum Bedeutungserwerb sog. mentaler Prädikate zugleich Erkenntnisse über die Entwicklung der ‹Theorie des Geistes› beim Kind liefern (vgl. oben, Kap. 3.3.3).

4. Ein-, Zwei- und Mehrwortäußerungen

Wir haben bisher die Äußerungen des Kindes unter dem Aspekt des Wortschatzerwerbs betrachtet. Die Frage ist dann z. B.: Welche Bedeutung hat das Protowort *wawa* in der frühen Kindersprache? Wenn ein Kind *wawa* äußert, macht es aber eine Aussage, d. h., das Wort steht sozusagen für einen Satz. Man spricht deshalb von ‹Einwortäußerungen› (‹Holophrasen›). Der Charakter der Einwortäußerungen, etwa zwischen 1;0 und 1;8, bringt es mit sich, dass die Aussage von der Bezugsperson rekonstruiert werden muss. D. h., die Bezugsperson interpretiert die Äußerung unter Zuhilfenahme der Prosodie und der Situation. So kann die Äußerung *dall* (*Ball*) je nach Situation und Prosodie etwa folgende kommunikative Funktionen haben: einen bestimmten Ball haben wollen; auf einen bisher nicht wahrgenommenen Ball in einer fremden Umgebung aufmerksam machen wollen; auf eine bestimmte Lage des eigenen Balles hinweisen wollen; fordern, dass der Erwachsene etwas mit dem Ball tut (Reimann 1996). Wir unterstellen dem Kind in der ersten Hälfte des zweiten Lebensjahrs bereits differenzierte Kommunikationsabsichten, wie etwa: Äußerung nur zur Kontaktherstellung (ohne Bezug auf einen Gegenstand), Bezug auf einen Gegenstand oder eine Person im Wahrnehmungsfeld, Bezug auf eine Veränderung im Wahrnehmungsfeld, Bezug auf etwas, was im Wahrnehmungsfeld nicht präsent ist, Aufforderungen an Bezugspersonen. Dass das Kind solche unterschiedlichen Intentionen tatsächlich verfolgt, also unterschiedliche ‹Sprechakte› vollzieht, kann man daran erkennen, dass es auf die Reaktionen der Bezugsperson wiederum mit Einverständnis oder mit Ablehnung reagiert. Kinder verfügen also bereits mit einem Jahr über kommunikatives Wissen, das sie zu kompetenten Gesprächspartnern macht und es ihnen gestattet, Bezugspersonen in ihre Handlungsabsichten einzubeziehen. Dazu ist es notwendig, dass sie nicht nur die eigene Intention verfolgen, sondern Handlungen der Erwachsenen vorhersehen können.

Zwischen etwa 1;6 und 2;3 geht das Kind zu Zweiwortäußerungen über, und ab 2;0 treten auch erste Dreiwortäußerungen auf. Die Ausdrucksmöglichkeiten des Kindes vervielfachen sich, zugleich nimmt der Interpretationsspielraum der Bezugspersonen ab: Sprachliche Kommunikation wird effizienter. Man unterscheidet eine Reihe von ‹semantischen Relationen› (Szagun 2013), die mittels Zweiwortäußerungen realisiert werden, so z. B. die Relationen ‹Handlungsträger und Handlung› (*baby weint*), ‹Handlung und Objekt› (*musik haben*), ‹Besitzer und Besitz› (*dani tasse*), ‹Objekt/Person und Eigenschaft› (*hexe krank*) oder ‹Handlung und Lokalisierung› (*rein machen*). Die Palette der Bedeutungen umfasst außerdem den Ausdruck des Vorhandenseins eines Objekts/einer Person (*da auto*), des Nichtvorhandenseins (*weg auto*) und des Wiedervorhandenseins (*mehr milch*). Sprachvergleichende Untersuchungen haben gezeigt, dass diese Bedeutungskategorien universell sind.

Eine wichtige Beobachtung betrifft die Wortstellung in den Zwei- und Dreiwortäußerungen: Sie weist nämlich gewisse Regularitäten auf, die vermuten lassen, dass Kinder in diesem Alter bereits eine «Sensitivität gegenüber den formalen Strukturprinzipien der Sprache» besitzen (Weinert/Grimm 2008). Sie sagen z. B. *net hiemache*, *da ein Schönes*, *mehr Saft*, nicht aber **hiemache net*, **da Schönes ein*, **Saft mehr*. Ein Funktionswort wie *net* (*nicht*), *mehr* oder der unbestimmte Artikel *ein* steht also vor dem Inhaltswort, was mit der Regel für die Erwachsenensprache übereinstimmt. Solange das Verb unflektiert gebraucht wird, steht es am Äußerungsende, wie in *net hiemache*, *mehr habe*, *des Bode nalege*. Dieser Gebrauch korrespondiert der Syntax des Satzes mit einem infiniten Verbbestandteil in der Erwachsenensprache: *Ich will mitgehen*, *Er ist ins Kino gegangen*. Das Kind scheint also, und das ist eine wichtige Beobachtung, auf die ich zurückkommen werde, in dieser Phase neben semantischen Beziehungen bereits elementare formalsyntaktische Regeln zu befolgen.

Anhand einer Äußerung wie *nimmi kaffee gingen* (Moritz,

2;0,5; aus Buchholz 1999) kann man sich vergegenwärtigen, was eine solche Dreiwortäußerung von einem Satz des Deutschen unterscheidet: Die grammatikalisch korrekte Variante könnte etwa sein: *Ich will keinen Kaffee trinken.* Es fehlt also das Personalpronomen der 1. Person und das Modalverb in der finiten Form. Tatsächlich sind es in erster Linie Funktionswörter (Artikel, Konjunktionen, Präpositionen usw.), Hilfsverben und Flexionsformen, die in den Zwei- und Dreiwortäußerungen fehlen, d. h. die eigentlich grammatischen Elemente im Satz; die Äußerung ist im Wesentlichen auf die Inhaltswörter reduziert. Stern/Stern (1928) nennen diese Sprechweise deshalb ‹Telegraphenstil›. Durch ihre Bauart bedürfen die Äußerungen zum Verständnis der ergänzenden Intonation, der Mimik und Gebärden bzw. des situativen Kontextes. Beispielsweise könnte Moritz auch gemeint haben, eine andere Person solle keinen Kaffee trinken. Bezugspersonen überprüfen deshalb ihr korrektes Verständnis der Äußerung des Kindes häufig durch die korrigierende Wiederholung und die Reaktion des Kindes darauf. Auch Reihungen von Zwei- und Dreiwortäußerungen zu kleinen Texten sind möglich. So sagte Hilde mit ca. 2;0: *papa brrbrr, fasche put*, in der Bedeutung: *Als Papa beim Pferd stand, ging die Flasche kaputt.* Kindliche Zwei- und Dreiwortäußerungen haben somit nicht den Status von Sätzen der Erwachsenensprache, sondern können als eine Art Vorform, als «Eingangsstufe zur grammatisch geordneten Vollsprache» (Butzkamm/Butzkamm 2008) betrachtet werden, für die Bickerton (1995) die Bezeichnung ‹Protosprache› geprägt hat. Damit meint er Äußerungen, mittels derer in erster Linie semantische Beziehungen transportiert werden, denen jedoch keine grammatischen Kategorien (wie z. B. die Phrasenkategorien Nominal- und Verbalphase) zugrunde liegen. Diesen Status schreibt Bickerton auch dem Pidgin und den Mehrwortäußerungen der sprachtrainierten Affen zu. Entgegen der Behauptung mancher PrimatenforscherInnen sind nämlich die Großen Affen nicht in der Lage, eine Grammatik, wie die natürlichen Sprachen sie haben, zu erwerben (Wallman 1992).

Allerdings muss man die Parallele zwischen der Protosprache

der Affen und dem kindlichen Spracherwerb relativieren, ja sie ist letztlich falsch. Es liegen nämlich empirische Beweise dafür vor, dass Kinder in diesem Alter bereits über grammatische Kategorien verfügen: Kinder bilden bereits zwischen 1;8 und 2;2 spontan u. a. korrekte Pluralformen, verwenden Artikel beim Substantiv korrekt und können auch Pronomina (*der Mann – er*; vs. *die Frau – sie*) angemessen verwenden. Um sicherzustellen, dass die Kinder dies nicht nur durch reine Imitation tun, sondern solche Formen tatsächlich regelhaft bilden können, testeten Tomasello/Olguin (1993) das morphologische Wissen anhand von Kunstwörtern für Stofftiere. Sie schließen aus ihren Experimenten, dass die Kinder in der Lage waren, neu gelernte Wörter der grammatischen Kategorie ‹Substantiv› zuzuordnen. Für die grammatische Kategorie ‹Verb› scheint das allerdings nicht zu gelten, denn in einem parallel aufgebauten Experiment mit Kunstwörtern, die in Verbkontexten präsentiert wurden, fanden Olguin/Tomasello (1993) bei Kindern mit 2;1 keine Hinweise auf eine produktive Verwendung. Kinder scheinen zunächst von den Konstruktionsmöglichkeiten auszugehen, die das einzelne Verb bietet, und nicht von abstrakten Satzschemata, wie z. B. der Markierung von Handelndem und Adressat der Handlung durch die Reihenfolge der Wörter im Satz.

Die ganze Reichhaltigkeit der grammatischen Kenntnisse des Kindes in diesem Alter zeigt sich aber in seinen Leistungen beim Sprachverstehen, die seine produktiven Fähigkeiten bei weitem übertreffen. Was also weiß man über die passive grammatische Kompetenz des Kindes im zweiten Lebensjahr? Weissenborn (2000) hat einiges zusammengestellt: Deutsche Kinder können bereits ab 0;7–0;9 unbetonte Funktionswörter (Artikel, Pronomina, Präpositionen) in einem Text wahrnehmen, und mit 0;10 analysieren sie Artikelformen als selbstständige sprachliche Einheiten. Mit 1;5 bereits verstehen Kinder Substantive ohne Artikel als Eigennamen und Substantive mit Artikel als Gattungsnamen. Im Alter von 2;0 verstehen Kinder, die noch in der Einwortphase sind, Sätze mit grammatikalisch korrekt verwendeten Funktionswörtern besser als Sätze mit fehlenden oder falsch verwendeten Funktionswörtern. So wählen sie häufiger das passende Bild aus vier Vorlagen, wenn ein korrekter Satz wie *Find the bird for me* (*Finde den Vogel für mich*) vorgegeben wird, als wenn der Artikel fehlt (**Find bird for me*) oder ein falsches grammatisches Element eingesetzt wird (z. B. **Find was bird for me*). Englisch sprechende Kinder ziehen mit 1;6 eine korrekte Äußerung vom Typ *John is digging* (*John gräbt*, mit Verlaufsform) der falschen Äußerung **John can digging* vor, wissen also bereits, dass die Verlaufsform *-ing* die Konstruktion mit dem Hilfsverb *to be* verlangt. Deutsche Kinder im Alter von 2;0–3;0, die die Konjunktion *dass* noch nicht verwenden, sind in der Lage zu erkennen, ob ein mit *dass* eingeleiteter Nebensatz grammatikalisch korrekt ist, wie *Bert sagt, dass Lisa Oma hilft*, oder nicht, wie **Bert sagt, dass Lisa hilft Oma*. Hirsh-Pasek/Golinkoff (1996) konnten zeigen, dass Kinder zwischen 1;4 und 1;7, also in der späten Einwortphase bzw. am Beginn der Zweiwortphase, bereits in der Lage sind, die Wortfolge in ‹reversiblen Aktivsätzen› zu verstehen. Das sind Aktivsätze, bei denen nicht schon aufgrund des Weltwissens klar ist, wer wem etwas tut. So ist z. B. *Peter liebt Maria* reversibel, *Die Mutter trinkt die Milch* irreversibel. Die untersuchten Kinder konnten zwischen Sätzen wie *Big Bird is tickling Cookie Monster* und *Cookie Monster is tickling Big Bird* unterscheiden, wobei die Leistungen der Mädchen über denen der Jungen lagen. Mit durchschnittlich 2;0 können englische Kinder auch zwischen transitivem und intransitivem Gebrauch von Verben unterscheiden: Nach der Aufforderung *Look at Cookie Monster turning Big Bird* (*Schau auf CM, der BB herumdreht*; *to turn* transitiv verwendet) schauten sie vorzugsweise auf eine Abbildung, die darstellte, wie Cookie Monster Big Bird im Kreis dreht, bei der Aufforderung *Look at Cookie Monster and Big Bird turning* (*Schau auf CM und BB, die sich drehen*; *to turn* intransitiv verwendet) schauten sie vorzugsweise auf eine Abbildung, die darstellte, wie Cookie Monster und Big Bird sich im Kreis drehen.

Die Folgerungen aus diesen Befunden sind von weitreichender Bedeutung: In der Phase der Zwei- und Dreiwortäußerungen produzieren die Kinder zwar noch keine (oder nur vereinzelte) ‹Sätze› im Sinne der Erwachsenensprache, doch verfügen sie über ein beträchtliches grammatisches Wissen, das sich in ihren Sprachverstehensleistungen äußert. Das Kind ist also in dieser Phase nicht wirklich ‹agrammatisch›, sondern hält nur in der Produktion mit seinem Wissen hinterm Berg. Dies legt die Frage nahe, weshalb das Kind dies tut, also den ‹Telegraphenstil› verwendet, und weshalb es dies relativ lange tut: Noch im Alter von 2;8 liegt, nach Weissenborn, der Anteil von Infinitivsätzen des Typs *nimmi kaffee gingen* bei beachtlichen 13 %. Die gängige Erklärung, Funktionswörter und Flexionsformen seien lautlich weniger auffällig und würden deshalb vom Kind zunächst nicht wahrgenommen, erscheint unplausibel, da das Kind bereits mit durchschnittlich 0;11 solche Elemente passiv beherrscht. Weissenborn vermutet, dass für den Telegraphenstil ein ‹Prinzip der minimalen Struktur› verantwortlich sein könnte: Das Kind wählt eine Äußerungsstruktur, die den geringsten Aufwand an grammatischen Prozessen erfordert. Damit verringert sich die kognitive Komplexität der Sprachproduktionsaufgabe so lange, bis die entsprechenden grammatischen Prozesse stärker automatisiert sind.

5. Theorien des Grammatikerwerbs

5.1 Die Aufgabe

Grammatikerwerb meint erstens den Erwerb der Flexionsformen der Sprache, das sind beispielsweise beim Verb Formen wie (*ich*) *geh-e*, (*du*) *geh-st* usw., beim Substantiv Formen wie (*die*) *Frau-en* usw.; zweitens den Erwerb der Syntax, das sind die Regeln, die definieren, was ein grammatikalisch korrekter Satz der Sprache ist. Den Bereich der Wortbildung, die ebenfalls zur Grammatik gehört, muss ich hier ausklammern.

Theorien des Grammatikerwerbs müssen Antworten auf die folgenden drei Grundfragen geben (Hirsh-Pasek/Golinkoff 1996):

- Was bringt das Kind für die Aufgabe des Grammatikerwerbs bereits mit?
- Welche Mechanismen wirken im Verlauf des Erwerbs?
- Welche Rolle spielt der Input für den Grammatikerwerb?

Um Ordnung in die Versuche zu bringen, den Grammatikerwerb zu erklären, müsste man zahlreiche Theorietypen unterscheiden. Ich beschränke mich hier auf die grobe Zweiteilung in ‹nativistische› und ‹kognitiv-funktionalistische› oder kurz ‹funktionalistische› (Tomasello 2006) Ansätze. Theorien dieser Typen unterscheiden sich fundamental in den Antworten auf die genannten Grundfragen: Für Nativisten ist der Grammatikerwerb mehr ein Erwerbs- als ein Lernprozess, der auf angeborener, also genetisch determinierter, **spezifisch** sprachlicher Information beruht, bei gleichzeitig weniger bedeutsamem Einfluss des Inputs. Für Funktionalisten dagegen basiert der Grammatikerwerb auf Prozessen **induktiven**, d. h. ‹datengetriebenen Lernens›, er wird also vom Input determiniert. ‹Lernen› meint hier Generalisierungen aufgrund von Erfahrungen: Die Lernmechanismen sind vergleichbar denen anderer kognitiver Domänen und **nicht** sprachspezifisch. Wegen der höchst unterschiedlichen Bedeutung, die Theorien dieser beiden Typen dem Input beimessen, wollen wir uns deshalb in Kap. 5.2 mit der Frage nach der Rolle des Inputs für die Grammatikentwicklung befassen, deren Beantwortung für die Bewertung der Theorien in den vergangenen Jahren eine entscheidende Rolle gespielt hat.

5.2 Input und Grammatikentwicklung

Wir haben in Kap. 3.1 gesehen, dass die beiden frühen Formen der ‹an das Kind gerichteten Sprache (KGS)›, nämlich die Ammensprache im ersten und die stützende Sprache im zweiten Lebensjahr, Strukturmerkmale aufweisen, die dem Kind die Spracherkennung und den Erwerb prosodischen und phonologischen Wissens bzw. den Wortschatzaufbau erleichtern. Es fragt sich, ob es auch im dritten Lebensjahr einen Input gibt, der geeignet erscheint, die nun auf das Kind zukommende Aufgabe des Grammatikerwerbs zu fördern.

Einen solchen Input stellt nach verbreiteter Auffassung die sog. lehrende Sprache dar, auch ‹Mutterisch› (engl. ‹Motherese›) genannt. Bezugspersonen unseres Kulturkreises wenden ab dem 24.–27. Lebensmonat des Kindes einen Sprachstil mit bestimmten Struktureigenschaften an. Diese Eigenschaften werden im Kontrast zu einem weniger förderlichen Stil folgendermaßen bestimmt: (1) längere Äußerungen; (2) höhere durchschnittliche Anzahl von Nominalphrasen pro Äußerung; (3) Ja-/Nein- und W-Fragen (das sind Fragen, die mit einem Fragewort beginnen, z. B. *Wo willst du hingehen?*); (4) teilweise Wiederholung der eigenen oder der kindlichen Äußerung, mit oder ohne Modifikation; (5) Expansionen (Erweiterungen der kindlichen Äußerung). Man vermutet, dass die durch die Merkmale (1) und (2) begründete größere Komplexität der mütterlichen Äußerungen dem Kind ein strukturell reichhaltigeres Angebot vorgibt, welches dieses dann für einen schnelleren Fortschritt des Grammatikerwerbs nutzt. Der Nutzen von Ja-/Nein-Fragen (3) liegt auf der Hand (Grimm/Weinert 1993): Bei Fragen wie *Hast du das gesehen?* oder *Willst du die Puppe aufheben?* stehen die flektierten Hilfsverben am Satzanfang, also in herausgehobener Position, und erfahren deshalb besondere Beachtung. Kommen sie im Input häufig vor, entwickelt das Kind das System der Hilfsverben schneller. W-Fragen wie *Wo willst du hingehen?* wiederum dürften durch den Kontrast zur Aussagesatzwortstellung (*Da geht er hin*) dem Grammatikerwerb förderlich sein. Teilweise Wiederholungen der eigenen oder der kindlichen Äußerung (4) lenken, bei gleich bleibendem Inhalt, die Aufmerksamkeit des Kindes auf die grammatische Form des Satzes. Das Gleiche bewirken Wiederholungen mit Transformation (Grimm 2012). Kind: *Da ist der Teufel wieder.* Mutter: *Wo ist der Teufel wieder?* Dass diese Form der modifizierenden Wiederaufnahme eine für den Mutter-Kind-Dialog spezifische Form ist, erkennt man daran, dass Mütter oft auch auf Entscheidungsfragen, die als Antwort nur *ja* oder *nein* erfordern, mit einer Wiederholung des Satzes reagieren: Kind: *Brauch mer des?* Mutter: *Des brauch mer.* Von besonderer Bedeutung für den Grammatikerwerb sind die sog. Expansionen (5). Die typische Abfolge sei anhand eines Transkriptausschnitts illustriert (MO = Moritz im Alter von 2;0,20); M = Mutter; aus Buchholz 1999):

MO möchte, dass M sich Salat auf den Teller legt.
01 MO >mamas noch↑ <della machen↓ della machen↓
02 M sollä ma da ä weng uf dä te"lla machä↓

(Es bedeuten: ↓ fallende Intonation; ↑ steigende Intonation; < lauteres Sprechen; > leiseres Sprechen; "Akzent auf Vokal oder Diphthong; ____ gleichzeitiges Sprechen)

Die Mutter nimmt die grammatikalisch unvollkommene Äußerung *teller machen* auf, behält den Inhalt bei, verleiht ihm aber eine vollständige grammatische Form (*Sollen wir da noch etwas auf den Teller machen*). Das Kind kann seine eigene Äußerung formal mit diesem Modell vergleichen und aus den Veränderungen lernen. Wichtig ist, dass auf diese Weise «zwischen dem Schon-Gewussten und dem Noch-nicht-Gewussten keine zu große Diskrepanz» besteht (Grimm 2012): Die Bezugspersonen erweisen sich als sensitiv für das Leistungsniveau der

Kinder. Sie verwenden Strukturen, die am oberen Ende der Leistungsfähigkeit der Kinder bzw. gerade einen Schritt darüberliegen.

Es kann als erwiesen gelten, dass die lehrende Sprache dem Grammatikerwerb des Kindes förderlich ist. Ist sie für den Grammatikerwerb aber auch **notwendig**? Diese Frage muss man in zwei Richtungen verfolgen. Erstens: Wenn sie notwendig ist, müssen ihr alle Kinder ausgesetzt sein. Diese Frage ist nicht geklärt. Es gibt Anzeichen dafür, dass sich Mütter der unteren Schichten im Vergleich zu Mittelschichtmüttern weniger unmittelbar auf kindliche Äußerungen beziehen, also möglicherweise die lehrende Sprache weniger anwenden, doch fehlen dazu größere vergleichende Untersuchungen (Szagun 2013).Wir hatten gesehen, dass Ammensprache und stützende Sprache nicht universal sind (vgl. oben, Kap. 3.1). Häufig müssen die oben erwähnten Kaluli für das Argument herhalten, auch die lehrende Sprache sei nicht universal. Tatsächlich wenden die Kaluli aber bei ihren Kindern eine explizite Sprachlehrstrategie an, sobald diese zwei kritische Wörter äußern können, nämlich *bo* (für *Brust*) und *nɔ* (*no* mit offenem *o*, für *Mutter*): Mütter geben dann als Reaktion auf eine kindliche Äußerung einen korrekten Satz vor, gefolgt von dem Wort *elema*, einem Imperativ mit der Bedeutung «sag es so». D. h., sie korrigieren die sprachliche Form der kindlichen Äußerung, anders als in unserem Kulturkreis, konsequent und explizit. Es mag verwunderlich erscheinen, dass ein Steinzeitvolk mehr Wert auf die formale Korrektheit der kindlichen Äußerungen legt als die Kulturvölker europäischer Prägung.

Die zweite Fragerichtung ist: Wie steht es um Quantität und Qualität der lehrenden Sprache? Man weiß erstens, dass nur der geringere Teil mütterlicher Äußerungen, zwischen 20 und 40 %, diesem Typ zuzurechnen ist. Im Vordergrund steht der sozialkommunikative Austausch (Grimm 2012). Zweitens sind Bezugspersonen unzuverlässige ‹Sprachlehrer›, da sie sich inkonsequent verhalten (Tracy 1990). So können z. B. korrigierende Reaktionen auf ungrammatische Äußerungen schlicht ausbleiben. Wollte das Kind daraus den Schluss ziehen, seine Äußerungen wären korrekt gewesen, würde es zwangsläufig Falsches erwerben. Dialoge (alle aus Tracy 1990) vom Typ:

Kind (2;0,24):	wo valles papa is/
Erwachsener:	Der is draußen.

sind ebenso alltäglich wie die Wiederholung von Äußerungen mit falschen Wortformen durch die Mutter, z. B. *höl* im folgenden Dialog:

Kind (2;2,14):	HÖL mi man glas\
Mutter:	Ich höl dir kein Glas, höl du dir mal selber ein Glas.

Woher soll das Kind merken, dass die Mutter es hier offenbar neckt? Auch syntaktisch falsche Wiederholungen lassen sich beobachten:

Kind (3;6,27) spielt mit der Figur einer Großmutter:	
	Oh, schaumal, jetzt hab ich mein kopf AUatsch gemacht\
Erwachsener:	Die Omi hat den Kopf Aua gemacht?

Kinder dürfen also u. U. sprachliche Merkmale, die ihnen im Input zur Verfügung stehen, **nicht** übernehmen (Tracy 1990). Fazit: Der Input ist unter dem Gesichtspunkt der Grammatikalität keineswegs perfekt.

Es waren u. a. Beobachtungen dieser Art, die Anlass zur Formulierung nativistischer Erwerbstheorien gaben. Denn wenn man annimmt, dass das Kind ohnehin die wesentlichen Voraussetzungen für den Grammatikerwerb als Teil seiner genetischen Ausstattung mitbringt, hat man keine Probleme damit, dass der Input defizient ist: Seine Rolle ist ja ohnehin sehr eingeschränkt. Anders für VertreterInnen funktionalistischer Theorien. Diese müssen entweder zeigen, wie Kinder auch ohne entsprechende genetische Ausstattung den defizienten sprachlichen Input so nutzen können, dass sie die Grammatik ihrer Muttersprache erwerben. Oder sie müssen versuchen, dieses Problem aus der Welt zu schaffen, indem sie zeigen, dass der Input mehr hergibt, als die Nativisten wahrhaben wollen. Genau das ist in den vergangenen Jahren geschehen, so dass heute kaum noch an der Lernbarkeit von Grammatik gezweifelt wird. Doch der Reihe nach: Im folgenden Kapitel werde ich die nativistische Position kritisch darstellen. In Kap. 5.4 wird es dann um funktionalistische Theorien gehen.

5.3 Nativistische Theorien

Nativistische Theorien des Grammatikerwerbs, wie sie vor allem von Noam Chomsky und Steven Pinker vorgelegt wurden, gehen davon aus, dass es angeborenes grammatikspezifisches Wissen gibt, das eine entscheidende Rolle für die Grammatikentwicklung spielt; zumindest am Beginn, wenn es nach nativistischer Auffassung darum geht, den Einstieg in die Repräsentation grammatischer Kategorien zu finden. Damit kein Missverständnis aufkommt: Die Nativisten bezweifeln keineswegs, dass der Grammatikerwerb neben dem angeborenen grammatikspezifischen Wissen durch weitere Faktoren bestimmt wird, als da sind: angeborene, **nicht**sprachspezifische kognitive Faktoren (zum Beispiel die Fähigkeit zur Generalisierung von Erfahrungen); externe Stimuli, sprich: der Input; schließlich ‹natürliche› Faktoren, zum Beispiel physiologische Voraussetzung der Sprachfähigkeit (Berwick et al. 2011). Doch sind für die Nativisten die angeborenen grammatikspezifschen Faktoren ausschlaggebend. Nach der ursprünglichen Fassung der nativistischen Position enthält das Gehirn detaillierte Pläne für grammatische Regeln. Chomsky (1976) nennt diese Repräsentationen ‹Universalgrammatik (UG)›. Es müsste dann auch ‹Grammatikgene› geben, die den Aufbau dieser Repräsentationen steuern. Die UG charakterisiert den Ausgangszustand der Sprachfähigkeit des Menschen noch vor jeder Erfahrung, sprich: vor jedem sprachlichen Input. Und sie tut dies losgelöst von allen anderen kognitiven Fähigkeiten bzw. unabhängig von deren Entwicklung. Die Begründung für diese zunächst vielleicht überraschende Annahme der ‹Modularität› der Grammatik wird uns unten noch beschäftigen.

Damit ist die erste der von Hirsh-Pasek/Golinkoff gestellten Fragen beantwortet: Das Kind bringt für den Grammatikerwerb die Universalgrammatik mit; die Fähigkeit zum Grammatikerwerb ist genetisch angelegt. Chomsky (1988) erläutert dies mit folgendem Vergleich: Eine Sprache lernen sei nicht etwas, was das Kind mache, sondern etwas, was mit ihm in einer angemessenen Umgebung geschehe, genauso wie sein Körper auf vorbestimmte Weise wachse und reife, wenn er mit angemessener Nahrung und Stimulation aus der Umgebung versorgt werde. Dabei sei die Beschaffenheit der Umgebung für den Grammatikerwerb keineswegs irrelevant, denn sie müsse die Daten für die Entscheidung liefern, welche Einzelsprache das Kind zu erwerben habe. Aber nicht diese Entscheidung allein hänge vom Input ab. Die Universalgrammatik ist nach Chomskys (1976) ursprünglicher Definition ein System von Prinzipien, Bedingungen und Regeln, die Eigenschaften aller natürlichen Sprachen darstellen, und dies mit logischer Notwendigkeit – denn sie definieren, was eine natürliche Sprache ist. Folglich ist sie für alle Menschen identisch, und sie spezifiziert, was der Erwerbsprozess leisten muss. Das Kind aber erwirbt eine Einzelsprache: Wie kann es also die Verbindung zwischen der UG und den einzelsprachlichen grammatischen Regeln herstellen? Konkret: Wie können Kinder beispielsweise das Wissen darum erwerben, dass im Deutschen in einer Konstruktion namens Nominalphrase das attributive Adjektiv regelhaft vor dem Substantiv steht (*das schnelle Schiff*), im Französischen aber dahinter (*le bateau vite*)? Dies leisten nach Chomskys (1981) ‹Prinzipien-und-Parameter-Theorie› die einzelsprachlichen Parameter. Im vorliegenden Beispiel: Das Kind hat im Rahmen eines entsprechenden UG-Prinzips die Wahl, ob der Kopf einer Konstruktion (im vorliegenden Fall das Substantiv *Schiff* bzw. *bateau*) rechts steht, wie im Deutschen, oder links, wie im Französischen. Diese Entscheidung trifft es entsprechend dem jeweiligen Input. Es muss aber die Regel (Kopf links oder Kopf rechts) nicht **lernen**, sondern es muss nur aufgrund des angeborenen Prinzips einmal **wählen** und den Parameter richtig setzen. Hier haben wir auch den ersten Teil der Antwort auf die von Hirsh-Pasek/Golinkoff gestellte Frage Nummer zwei nach den im Erwerbsverlauf wirkenden Mechanismen: Es ist das Setzen von Parametern. Zugleich bestimmt die UG die Erwerbsreihenfolge, indem sie unterschiedliche Reifungsschemata für unterschiedliche Bereiche der Grammatik festlegt (beispielsweise für die Erwerbsreihenfolge Personenmarkierung – Tempusmarkierung beim Verb).

Was die UG im Einzelnen enthält, ist theorieabhängig und reicht von mehreren Dutzend Regeln in den 1980er Jahren bis zu einer (!) Regel im Jahr 2002. Für Chomsky (1981) bestand die UG aus einer Vielzahl von Regeln, die er in der damaligen Version seiner Syntaxtheorie definiert hatte, der ‹Prinzipien-und-Parameter›-Theorie. Für grammatische Laien sind diese Regeln kaum nachvollziehbar – was natürlich weder gegen die Regeln noch gegen die Laien spricht. Pinker (1998) reduzierte die UG auf vier grundlegende Merkmale, wozu die grammatischen Morpheme gehören (die in Sätzen Informationen wie Tempus, Kasus oder Negation tragen) und auch die Wortartkategorien, wie Substantiv und Verb. Nach Pinker (1987) reicht es aber nicht, dass das Kind mit den Wortartkategorien geboren wird; es müsse vielmehr auch Realisierungen dieser Kategorien im Input erkennen können. Den Mechanismus, der dies gewährleisten soll, nennt er ‹semantic bootstrapping› – meist mit ‹Steigbügelhalter-Funktion der Semantik› übersetzt. Dies sei ein zweiter, im Erwerbsverlauf wirkender Mechanismus: Das Kind verfüge über Begriffe wie DING, HANDELNDER und IN DER VERGANGENHEIT WAHR. Diesen Begriffen entsprächen universale syntaktische Kategorien wie ‹Substantiv›, ‹Subjekt›, ‹Präteritum› usw. Vorkommen dieser Kategorien im Input erkenne das Kind, weil es die entsprechenden Begriffe identifiziere. Die entsprechende grammatische Kategorie eines Wortes oder Ausdrucks im Input werde diesem also zunächst entsprechend seiner Bedeutung zugeordnet, nach dem Muster ‹Bezeichnung für einen Handelnden› = ‹Subjekt›. Grammatische Kategorien müssten mithin nicht aus dem Input abgeleitet werden, weil sie dem Kind schon in der UG zur Verfügung stünden. So kommt nach Pinker die Grammatikentwicklung in Gang. Dass keineswegs alle grammatischen Subjekte Handelnde bezeichnen (z. B. *Fritz* im Passivsatz *Fritz wird gelobt*), lernt das Kind in einem zweiten Schritt aufgrund des entsprechenden Inputs.

Die Hypothese von angeborenen grammatischen Kategorien ist eine starke, nicht auf Anhieb plausible Behauptung. Ich werde im Folgenden auf die Argumente eingehen, die für die UG angeführt wurden, und ich werde diese, entsprechend dem aktuellen Forschungsstand, zugleich kritisieren. Man kann sich natürlich fragen, weshalb man sich auf eine Theorie einlassen soll, die letztlich als widerlegt betrachtet werden muss. Gerechtfertigt wird dies nicht nur durch die wissenschaftshistorische Bedeutung der UG-Theorie, sondern auch und vor allem dadurch, dass wir erst vor diesem Hintergrund verstehen, welchen Anforderungen alternative Theorien gerecht werden müssen. Die Kritik am Nativismus erweist sich so zugleich als Rechtfertigung funktionalistischer Theorien.

Ein erstes Argument für die UG beruht auf der Beobachtung, dass alle Kinder (von pathologischen Beschränkungen und Fällen sozialer Isolierung abgesehen) eine menschliche Sprache lernen, kein Tier hingegen über ein entsprechendes Kommunikationssystem verfügt. D. h., die Anlage zur Sprache ist im Hinblick auf die menschliche Spezies sowohl universal als auch spezifisch. Daraus allein auf eine genetische Disposition für Sprache zu schließen, ist allerdings unzulässig. Zunächst: Nicht alles, was universal ist, ist auch angeboren. Spezies-Universalität ist vielmehr auch mit der Auffassung vereinbar, dass alle Menschen vor ähnlichen Kommunikationsaufgaben stehen und ähnliche kognitive und physische Ressourcen haben, diese zu lösen; eine Beobachtung, für die wir oben (vgl. Kap. 1.2) bereits Humboldt anführen konnten. Ich komme auf dieses wichtige Thema in Kap. 5.4 zurück. Elizabeth Bates verdeutlicht dies mit einer Analogie: Alle Menschen essen mit den Händen, aber das heißt nicht, dass es ein Mit-den-Händen-Essen-Gen gibt. Es muss also ein zusätzliches Argument her, das die genetische Disposition erhellt.

Dieses liefert nach Pinker (1998) folgende Beobachtung: Wenn Kinder mit einer grammatisch unvollständig ausgebauten Verkehrssprache vom Typ eines Pidgins konfrontiert werden und diese zu ihrer Muttersprache machen, entwickeln sie eine neue Sprache mit komplexer Grammatik, eine Kreolsprache. Derartige, von Bickerton (1984) für die Ausbildung des hawaiischen Kreol durch Arbeiter aus Asien, Portugal und Mittelamerika Ende des 19. Jahrhunderts beschriebene Prozesse sind für Pinker der Beweis dafür, dass Kinder von Generation zu Generation die komplexe Sprache neu erfinden, und zwar eben nicht, weil man sie ihnen beibringt, sondern weil sie aufgrund ihrer genetischen Ausstattung gar nicht anders können. Allerdings ist Bickertons Studie nicht unkritisiert geblieben. Die Erwerbssituation der Kinder auf Hawaii ist nicht gut dokumentiert, fest steht aber: Alle erwachsenen Bezugspersonen beherrschten neben dem Pidgin eine voll ausgebaute Sprache (z. B. Chinesisch oder Portugiesisch), und es konnte gezeigt werden, dass die Kinder dem entsprechenden Input stärker ausgesetzt waren, als Bickerton postuliert. Es ist mithin nicht sicher, dass die Kinder tatsächlich einen defizienten Input – mit Hilfe der angeborenen UG – vervollständigen mussten (Tomasello 1995).

Ein zweiter Beleg für diese Vervollständigungshypothese ist nach Pinker (1998) die spontane Kreation von Gebärdensprachen durch gehörlose Kinder, die man keine konventionelle Gebärdensprache (dazu Kap. 7.3.4) gelehrt hatte. Die bewundernswürdige Leistung der betroffenen Kinder darf aber nicht darüber hinwegtäuschen, dass diesen individuellen Gebärdensprachen nicht ohne weiteres eine Grammatik von der Struktur und Komplexität natürlicher Sprachen unterlegt werden kann (Tomasello 1995), auch wenn die Ausbildung von abstrakten Kategorien, zum Beispiel ‹Subjekt›, möglich zu sein scheint (Coppola/Newport 2005). Die spontan entstandene, später konventionalisierte Nicaraguanische Gebärdensprache ISN (Idioma de Señas de Nicaragua) wurde um die Jahrtausendwende sogar in den Medien als Beleg für die Existenz einer UG gehandelt, weil sie genuin grammatische Strukturen ohne sprachlichen Input ausgebildet habe. Der Nachweis einer Spontanschöpfung hierarchischer eingebetteter Strukturen von der Qualität einer natürlich-sprachlichen Syntax (Stichwort ‹Rekursivität›) in ISN scheint mir von Senghas et al. (2004) aber keineswegs erbracht worden zu sein. Genauso wenig, wie dieser Nachweis für die individuellen Gebärdensprachen erbracht werden konnte: Goldin-Meadow/Mylander (1984) sprechen zwar von ‹Rekursivität›, ihre Belege zeigen aber keine Pendants zu syntaktischen Bezügen zwischen den Einzelgebärden, sind also in diesem Sinne keine Sätze (Bates/Volterra 1984). Die individuellen Gebärdensprachen taugen deshalb nicht als Argument für die UG-Hypothese.

Kommen wir nun zu einem zweiten Argument für die Existenz der UG: dem Argument von der Existenz einer ‹kritischen Periode› des Spracherwerbs. Lenneberg (1977) hatte in seinem einflussreichen Werk «Biologische Grundlagen der Sprache» postuliert, der natürliche Erstspracherwerb des Kindes spiele sich, ähnlich dem Gesangserwerb mancher Vögel, in einem definierten Zeitfenster ab, und zwar mit dem Beginn der Pubertät als Obergrenze. Vorher sei die Gehirnreifung noch nicht weit genug fortgeschritten, danach scheine das Gehirn die Fähigkeit zur Ausbildung der für die Beherrschung der Muttersprache relevanten Strukturen zu verlieren. Man könne, wie die Erfahrung ja lehre, zwar auch als Erwachsener noch fremde Sprachen lernen, aber dann müssten sie «mit bewusster und angestrengter Mühe gelehrt und gelernt werden, und fremde Akzente können nicht mehr leicht überwunden werden».

Pinker (1998) überträgt diese Reifungshypothese auf die Existenz einer UG und präzisiert, der normale Erwerb der Muttersprache sei bis zu sechs Jahren sichergestellt, werde bis kurz nach der Pubertät immer schwieriger und sei nach diesem Zeitpunkt kaum noch möglich. Ein tragischer Beweis der Existenz einer Obergrenze für den Beginn des Grammatikerwerbs sind ‹wilde Kinder›, das sind Kinder, die ohne Sozialkontakte aufgewachsen sind (Zimmer 1989). Weder die sog. Wolfskinder (benannt nach Romulus und Remus) noch von ihren Bezugspersonen aus unterschiedlichen Gründen sozial isolierte Kinder, wie das Mädchen Susan W., genannt Genie, haben die Grammatik ihrer Muttersprache vollständig erwerben können. Genie wurde von ihrem psychotischen Vater etwa zwölf Jahre lang vollständig isoliert und ohne jede sprachliche Zuwendung gefangen gehalten. Die Mutter beendete das Martyrium, als ihre Tochter dreizehneinhalb Jahre alt war. Genie wurde danach intensiv betreut, und ihre Sprachentwicklung wurde von Curtiss (1977) akribisch protokolliert. Während sich ihre Intelligenz und ihr Wortschatz ständig weiterentwickelten, blieben ihre Grammatikkenntnisse auf dem Stand einer Protosprache (vgl. oben, Kap. 4): Noch nach fast sieben Jahren Sprachunterricht äußerte sie Sätze wie: *Genie cry ride/Genie weinen reisen* (= *I cried when I was on the ride/Ich weinte, als ich auf der Fahrt war*).

Wenn das Kind innerhalb eines gewissen Zeitraums die Grammatik seiner Umgebungssprache nicht erworben hat, kann es keine Grammatik irgendeiner Sprache erwerben, auch nicht durch Unterricht. Insofern ist die Rede von der ‹kritischen Periode› berechtigt (und ich werde diesen Begriff weiterhin verwenden; vgl. Kap. 7.3). Allerdings muss man differenzieren: Statt von **einer** kritischen Periode ist von einem Bündel ‹sensibler Phasen› (Meisel 2007) auszugehen, denn unterschiedliche Aspekte der Grammatikkenntnis werden zu unterschiedlichen Zeiten zugänglich bzw. unzugänglich. Wichtige Veränderungen in der Erwerbsfähigkeit finden bereits früher statt als mit zehn bis zwölf Jahren, so mit sechs bis sieben Jahren (wie auch Pinker postuliert), aber auch im Altersbereich zwischen drei und vier Jahren.

Der Suggestion der Reifungshypothese, nicht zuletzt durch die Parallele zum Gesangserwerb mancher Vögel, dem man die genetische Basis im Sinne eines Instinkts nicht absprechen wird, sollte man aber nicht erliegen: Erstens spielt auch bei Singvögeln Lernen durch Imitation eine Rolle (Hauser et al. 2002). Zweitens existieren sensible Phasen keineswegs nur für die Grammatikentwicklung, sondern z. B. auch für die phonologische Entwicklung, so dass wir es hier mit einem nicht auf die Grammatikentwicklung beschränkten Phänomen zu tun haben:

Wir hatten gesehen, dass Kinder bereits im Alter von 0;10–1;0 die Fähigkeit zur Unterscheidung von für ihre Muttersprache irrelevanten phonemischen Kontrasten anderer Sprachen verlieren (Kap. 2.1). Drittens findet man sensible Phasen auch für nichtsprachliche Entwicklungen des Kindes (Elman et al. 1997). M. E. muss beim gegenwärtigen Stand der Diskussion die Existenz sensibler Phasen zwar als Evidenz für die Fundierung der menschlichen Sprachfähigkeit im Genom betrachtet werden. Aber die Existenz einer **spezifischen** Disposition im Sinne einer UG, also für Grammatik, lässt sich hieraus nicht ableiten.

Ein drittes Argument besagt, dass das Kind die Grammatik der Muttersprache schnell und mühelos erwerbe, was nur auf der Basis massiven angeborenen Vorwissens erklärbar sei. Ob der Spracherwerb tatsächlich schnell verläuft, kann man allerdings als «Frage des Geschmacks» bezeichnen (Elbers/Wijnen 1992): Kinder benötigen ca. 1500 Tage, um die wesentlichen Züge ihrer Muttersprache zu erwerben. Ist das wenig oder viel? Im Vergleich mit dem Erwerb anderer Fertigkeiten in der fraglichen Zeit, wie dem des aufrechten Gangs, ist das wohl eher viel. Bedenkt man aber die Komplexität der Aufgabe und nicht zuletzt ihre Einbettung in komplizierte sozial-interaktive Kontexte, ist das eher wenig. Jedenfalls scheint dieses Argument für die Entscheidung der Frage, ob das Kind eine UG benötigt oder nicht, nicht recht tauglich zu sein. Ob das Kind den Grammatikerwerb ‹mühelos› vollbringt, scheint ebenfalls eine Frage des Geschmacks zu sein. Chomsky hat immer wieder Parallelen zwischen der Entwicklung von Organen bzw. sensorischen Fähigkeiten und dem Grammatikerwerb gezogen, und der Vergleich etwa mit der Entwicklung des Sehvermögens legt die Charakterisierung als ‹mühelos› nahe: Niemand würde wohl ernsthaft behaupten, das Kind verwende auf die Entwicklung des Sehvermögens Mühe. Für andere Bereiche des Spracherwerbs haben wir ja bereits gesehen, dass sie Kindern Mühe bereiten, so der Erwerb der Artikulationsfähigkeit und der Erwerb der Wortbedeutungen. Es sind auch Indizien dafür vorgelegt worden, dass der Grammatikerwerb ebenfalls nicht mühelos vor sich geht. Elbers/Wijnen (1992) definieren zunächst zwei Arten des Sprachverhaltens von Kindern, die auf Anstrengung hindeuten könnten: (1) ‹Spracharbeit›, das sind unter anderem Sprachspiele und metasprachliche Äußerungen (das Kind thematisiert Sprache), und (2) die ‹Spitzenperformanz›, das sind Äußerungen, in denen Kinder ihre eigene bis dahin gezeigte sprachliche Leistung übertreffen. In beiden Verhaltensweisen sehen die AutorInnen «kognitive Anstrengung»: Das Kind investiert auf die Sprache hin orientierte «Aufmerksamkeitsenergie». Belegt wird dies u. a. am Beispiel des Erwerbs von Funktionswörtern. Da man bislang in der Erforschung des Ablaufs des Grammatikerwerbs eher auf die durchschnittliche ‹Performanz› des Kindes geachtet hat, ist der Anstrengung wohl in der Tat zu wenig Aufmerksamkeit zuteilgeworden. Wie auch immer diese Diskussion weitergehen mag: Zweifellos können auch genetisch angelegte Fertigkeiten Mühe bereiten, man denke nur wieder an den Erwerb des aufrechten Gangs, so dass sich aus der Antwort auf die Frage ‹mühsam oder nicht mühsam?› kein entscheidendes Argument für oder gegen die Annahme einer UG ableiten lässt.

Ein viertes Argument für die Annahme einer UG ist ein ganzer Argumentkomplex: Es geht um die Beobachtung von Dissoziationen zwischen sprachlichen Fähigkeiten auf der einen und anderen kognitiven Fähigkeiten auf der anderen Seite, wobei unter ‹Dissoziation› ein relevanter Leistungsunterschied zu verstehen ist. Betrachtet man das sich normal entwickelnde Kind, so sind in dem Alter, in dem es wesentliche Aspekte der Sprachfähigkeit erwirbt, die übrigen kognitiven Fähigkeiten nicht gerade beeindruckend. Ein dreijähriges Kind ist nach Pinker (1998) ein «grammatisches Genie», denn es beherrscht bereits die meisten grammatischen Konstruktionen seiner Muttersprache, während wir es noch nicht Auto fahren, wählen oder zur Schule gehen lassen. Diese Beispiele mögen aus unterschiedlichen Gründen nicht sehr überzeugend sein, richtig ist aber, dass Kinder in diesem Alter leicht zu verunsichern sind, wenn wir ihnen auftragen, Perlen nach der Größe zu sortieren, wenn wir es fragen, ob eine Person von einem Ereignis weiß, das sich in ihrer Abwesenheit zugetragen hat (das sog. Verständnis falschen Glaubens), oder ob sich die Menge einer Flüssigkeit verändert, wenn wir sie von einem niedrigen breiten in ein hohes schmales Gefäß umschütten (das Invarianzproblem). Die Nativisten konstatieren also beim Kleinkind Dissoziationen zwischen den sprachlichen, vor allem grammatischen, und anderen kognitiven Fähigkeiten. Das heißt aber, Erstere können, wenn sie erheblich weiterentwickelt sind, nicht aus Letzteren abgeleitet werden – ein Indiz für das Zutreffen der Modularitätsannahme.

Diese Argumentation, lange Zeit von vielen ForscherInnen akzeptiert, erfährt seit einigen Jahren eine starke Relativierung: Wir hatten schon in Kap. 3.3.1 gesehen, dass die Entwicklungspsychologie die kognitiven Fähigkeiten des Säuglings und Kleinkindes unterschätzt hat. Die Untersuchung der kognitiven Fähigkeiten in einzelnen Bereichen, ‹kognitiven Domänen› wie z. B. der Entwicklung elementaren physikalischen Wissens, hat zu erstaunlichen Resultaten geführt (Pauen 2007). So gibt es unter anderem Evidenz dafür, dass Kinder schon im Alter von 0;6 über ein elementares Verständnis von mechanischer Verursachung verfügen; im selben Alter scheinen sie auch zu verstehen, dass nur Lebewesen zielgerichtet handeln können. Ebenfalls bereits mit 6 Monaten können Kinder Abfolgewahrscheinlichkeiten einschätzen, eine Fähigkeit, die auch im Spracherwerb eine Rolle spielen könnte (Saffran 2003; vgl. auch unten Kap. 5.4).

Liegt hier also gar keine Dissoziation zwischen sprachlichen und nichtsprachlichen kognitiven Fähigkeiten vor? Man sieht sofort ein, dass diese Frage schwer zu beantworten ist, denn man müsste einen Vergleichsmaßstab für unterschiedliche Fähigkeiten haben. Ein Kind, das im Alter von 3;10 folgende Äußerung tut: *Schau, zuerst müssen wir da durchziehen und dann so drehen, weil sonst wird sie* [*die Lampe*] *kaputt* (Peltzer-Karpf 1994), vollbringt zweifellos eine höchst komplexe sprachliche Leistung. Ein Kind in diesem Alter kann andererseits noch nicht verstehen, dass eine Person, in deren Abwesenheit eine Tafel Schokolade von Schrank A in einen Schrank B gelegt wurde, diese nach der Rückkehr in den Raum in Schrank A sucht (Sodian 2008). Wie komplex ist die kognitive Leistung, die diese Aufgabe zum ‹Verständnis falschen Glaubens› erfordert, eine Aufgabe, die Kinder nicht früher als mit vier Jahren richtig lösen? Und nach welchem Maßstab lässt sich diese Leistung mit der Formulierung eines Satzes vergleichen?

Diese Argumentation scheitert aber bereits an einem grundlegenden Gegenargument: Der situationsangemessenen Äußerung eines Satzes geht voraus, was die Psycholinguistik ‹Konzeptualisierung› nennt – bzw. die Konzeptualisierung überlappt sich mit dem Äußerungsakt: Wir müssen uns überlegen, was wir sagen wollen, brauchen also einen Gedanken (‹Proposition› genannt), den wir anderen mitteilen wollen. Ohne das näher ausführen zu können, sollte so viel klar sein: Hinter einem komplexen Satz steckt ein komplexer Gedanke. Unstrittig ist zwar, dass es Echolalie (das ist ein Nachplappern ohne Verständnis) und pathologische Fälle von Geschwätzigkeit gibt, auf die ich gleich eingehe. Wenn aber ein normal entwickeltes Kind im 4. Lebensjahr situations- und intentionsangemessen Sätze von erstaunlicher Komplexität äußert, dann steckt dahinter auch eine komplexe Konzeptualisierung. Ergo kann es mit einer Dissoziation zwischen Grammatik und Kognition nicht weit her sein.

Die Nativisten führen aber noch zwei weitere Arten von Dissoziation zwischen Grammatik und Kognition ins Feld, und zwar Dissoziationen, die auf pathologischen Beeinträchtigungen beruhen (Pinker 1998). Zum einen gibt es Kinder mit einer «spezifischen Sprachentwicklungsstörung» (SES, vgl. Kap. 8). Sie fallen durch eine herausragende Störung der Sprachentwicklung auf, während die nonverbale Intelligenz im Normbereich liegt. Unter den sprachlichen Leistungen ist wiederum der Grammatikerwerb besonders beeinträchtigt. Wir werden sehen, dass unterschiedliche Ursachen dieser Beeinträchtigung diskutiert werden, darunter auch genetische Faktoren. Aus dieser pathologischen Beeinträchtigung aber ein Argument für die Modularität der Grammatik zu konstruieren (Pinker 1998), geht aus zwei Gründen nicht an: Erstens können selbstverständlich auch nichtmodulare kognitive Leistungen pathologisch beeinträchtigt sein. Ein Beispiel ist die ‹relativ selektive› Beeinträchtigung der aus vielen kognitiven Teilleistungen zusammengesetzten Fertigkeit des Lesens und Schreibens, die Lese-Rechtschreib-Schwäche. Zweitens geht die Ausbildung einer SES nach heutigem Wissensstand in der Regel mit nichtgrammatischen Beeinträchtigungen einher, die möglicherweise zum Teil kausal für SES sind, zum Beispiel einer Minderleistung des verbalen Arbeitsgedächtnisses (vgl. Kap. 8). Ein Argument für die Modularität der Grammatik lässt sich daraus nicht ableiten.

Zum anderen gibt es Menschen, die am ‹Williams-Beuren-Syndrom› (WBS) leiden, einer genetisch verursachten Entwicklungsstörung (Schaner-Wolles 2000). Die Patienten haben einen IQ etwa zwischen 20 und 85 und versagen bei einfachen Aufgaben des Problemlösens sowie im Umgang mit Zahlen. Hingegen wurde ihnen Anfang der 1990er Jahre eine beeindruckende sprachliche Kompetenz zugesprochen. Unstrittig ist die Fähigkeit zu klarer Artikulation und flüssigem Sprechen (manche Forscher konstatieren ‹Geschwätzigkeit›). Zweitens wird dem Wortschatz attestiert, er sei ‹ungewöhnlich›: Viele Patienten haben eine Vorliebe für ausgefallene Wörter, was zunächst zu der Auffassung verleitete, die WBS-Kinder würden über gute lexikalisch-semantische Fähigkeiten verfügen (Pinker 1998): Überliefert ist etwa die schöne Äußerung *Ich muss das Glas evakuieren* (statt *leeren*; Bellugi et al. 1994). Allerdings gibt es hier offensichtliche Qualitätsprobleme: WBS-Kinder gebrauchen schwierige Wörter, die sie aber nicht unbedingt verstehen. Eingehendere Untersuchungen zur lexikalischen Semantik ergaben denn auch u. a., dass Probanden mit WBS sich bei Aufgaben zur Beurteilung der Bedeutungsähnlichkeit von Wörtern und bei Aufgaben der Bedeutungsdefinition von Wörtern anders verhalten als Kontrollpersonen. Das deutet auf ungewöhnliche semantische Verarbeitung bei WBS-Probanden hin, möglicherweise weil für sie Häufigkeit bzw. Vertrautheit von Wörtern eine geringere Rolle spielt als für Normalprobanden (Bellugi et al. 2000). Dieser Befund passt zur erwähnten Vorliebe der WBS-Probanden für ungewöhnliche Wörter.

Entscheidend für die Argumentation der Nativisten ist aber

die Beschreibung der grammatischen Fähigkeiten von WBS-Probanden. Bellugi et al. (1994) beschrieben die Spontansprache als grammatisch korrekt, strukturell reich und komplex und morphologisch elaboriert. Dieses Leistungsmuster – eine Art ‹Inselbegabung› für Grammatik – ist nach Meinung der Nativisten ein Indiz dafür, dass sich die grammatische Kompetenz modular entwickelt, unabhängig von anderen Bereichen (Pinker 1998). Die empirische Evidenz, auf die sich die Nativisten beziehen, erweist sich aber als problematisch: Bellugi et al. (1994) hatten ihre WBS-Patienten (im Teenager-Alter) mit Patienten verglichen, die unter dem Down-Syndrom litten, und gemessen an deren Leistungen schnitten Erstere in Bezug auf die Grammatik besser ab. Schaut man sich die Leistungen dieser WBS-Teenager aber unabhängig davon an, bekommt man Zweifel an der grammatischen Qualität: Die Äußerungen wirken häufig phrasenhaft und sind der jeweiligen Aufgabenstellung nicht immer angemessen. Vor allem aber sieht man, dass die Komplexität ihrer Syntax der eines sich unauffällig entwickelnden Siebenjährigen entspricht. Ihre Sprache ist also «weit von der Normalität» entfernt (Tomasello 1995). Vergleicht man WBS-Kinder mit Kindern, die unter einer geistigen Beeinträchtigung leiden, zeigt sich in der Tat, dass sich die sprachlichen Fähigkeiten dieser Gruppen nicht signifikant unterscheiden (u. a. Udwin/Yule 1990). Dies ergab auch die Studie von Kieler Forschern, die 25 WBS-Kinder mit 25 angepassten Kindern verglichen, die unter nichtspezifischen Entwicklungsstörungen litten. Es zeigte sich, dass in Bezug u. a. auf Sprachverstehen, grammatische Kompetenz auf Satzebene, mittlere Äußerungslänge und die Zahl sinnvoll gebrauchter Wörter kein signifikanter Unterschied zwischen den Gruppen bestand. Dass die WBS-Kinder so einen guten sprachlichen Eindruck machen, könnte auf Täuschung durch ihre klare Artikulation und die langen stereotypen Phrasen zurückzuführen sein (Gosch et al. 1994). Nach diesen und vielen weiteren Befunden ist die Dissoziation zwischen allgemein kognitiven und grammatischen Fähigkeiten – denn auf Letztere kommt es für die Argumentation der Nativisten ja an – nicht gegeben (Vicari et al. 2004).

Ein fünftes Argument, das hier besprochen werden soll, ist das sog. Argument von der Armut des Stimulus (AAS). Wir kommen damit auf die Frage nach dem Input zurück (vgl. Kap. 5.2), denn dieses Argument beruht auf Chomskys Hypothese, das Kind lerne in Bezug auf die Grammatik seiner Muttersprache mehr, als der Input ihm abzuleiten gestatte, was zur Folge habe, dass Grammatik nicht induktiv lernbar sei. Deshalb spricht man auch vom ‹Lernbarkeitsproblem› oder, mit Chomsky, von ‹Platons Problem›: In Platons Dialog «Menon» zeigt Sokrates, dass ein ungebildeter Sklave die Gesetze der Geometrie kennt, indem er ihn durch eine Reihe von Fragen zu richtigen Aussagen leitet. Platon löst das Problem der Herkunft dieses Wissens, indem er annimmt, der Sklave erinnere sich daran aus einer früheren Existenz – was schon Leibniz unbefriedigend fand. Chomskys Vorschlag für die Lösung hingegen ist die Annahme angeborenen Wissens, also die Universalgrammatik.

Man muss sich klarmachen, welch starke Behauptung das AAS darstellt: Es geht keineswegs, wie gelegentlich irrtümlich behauptet wurde, darum, dass Kinder Probleme mit dem Grammatikerwerb haben müssten, weil der Input defizient ist, also insbesondere auch ungrammatische Strukturen enthält. Seine Schärfe bezieht das Argument vielmehr aus der Behauptung, Kinder müssten auf der Grundlage induktiven Lernens bestimmte Fehler machen, die ihnen aber tatsächlich nicht unterlaufen. Da ihnen andererseits keine Korrekturen zur Verfügung stünden, anhand derer sie die entsprechenden Konstruktionen als falsch erkennen könnten – keine ‹negative Evidenz› –, würden sie diese auf der Grundlage angeborenen Grammatikwissens vermeiden (Chomsky 1986). Kinder können demnach Grammatik **prinzipiell** nicht vollständig induktiv lernen!

Das ASS verlangt die Spezifikation von dreierlei Evidenz (Akhtar et al. 2004): Die sog. Evidenz für die Unzugänglichkeit besagt, dass es etwas zu Lernendes geben muss, das im Input, also den Sätzen, die das Kind hört, nicht vorkommt. Zweitens muss sicher sein, dass das zu Lernende nur durch Input des fraglichen Typs (induktiv) gelernt werden kann (Evidenz für die Unentbehrlichkeit). Und drittens muss nachgewiesen werden, dass das Kind das zu Lernende schließlich beherrscht (Evidenz für den Erwerb). Im Zentrum der Diskussion steht deshalb seit Jahren die Ausgangsfrage des ASS nach der Evidenz für die Unzugänglichkeit: Kinder erwerben bestimmte grammatische Konstruktionen richtig, obwohl sie aus dem Input, der ihnen zur Verfügung steht, falsche Schlüsse ziehen könnten (vgl. das Beispiel unten), weil der Input keine Sätze enthält, die die korrekten Konstruktionen vorgeben. Entscheidend ist also: Konstruktionen, die die Kinder nicht falsch, sondern richtig erwerben, dürfen im Input nicht vorkommen, sonst könnten sie ja induktiv gelernt worden sein.

Und so lief denn auch in den vergangenen Jahren die Debatte ab: Die Nativisten versuchten nachzuweisen, dass eine Struktur X im Input des Kindes nicht vorhanden ist, die Funktionalisten versuchten nachzuweisen, dass die Struktur X im Input sehr wohl vorhanden ist. Paradebeispiel ist der Erwerb bestimmter Fragesatzkonstruktionen (Chomsky 1976). Aufs Deutsche übertragen: Dem Aussagesatz *Der Mann ist groß* korrespondiert der Fragesatz *Ist der Mann_groß?* (der Unterstrich zeigt die Stelle an, an der das finite Verb im Ausgangssatz steht). Das Kind könnte nun eine einfache Regel (R1) entwickeln, der zufolge aus dem Aussagesatz ein Fragesatz gebildet werden kann, indem das erste auftretende finite Verb (*ist*) an den Anfang bewegt wird. Diese Regel würde aber, auf den Satz (a) *Der Mann, der auf dem Golfplatz ist, ist groß* angewendet, den ungrammatischen Fragesatz (b) **Ist der Mann, der auf dem Golfplatz_, ist groß?* ergeben. Also muss das Kind erkennen, dass nicht das erste auftretende finite Verb, sondern das erste finite Verb im Prädikat des **Hauptsatzes** an den Anfang zu bewegen ist (R2): (c) *Ist der Mann, der auf dem Golfplatz ist,_ groß?* Es muss also, so Chomsky, die entsprechenden grammatischen Kategorien verarbeiten können und die deutlich komplexere Regel R2 erwerben. Chomsky (1980) und Pinker (1998) stellen die Hypothese auf, Sätze vom Typ (c) kämen, mit Pinker, im «Mutterisch so gut wie nie» vor. Dieses ‹so gut wie nie› macht streng genommen das Argument unbrauchbar; erstaunlich, dass die Autoren das nicht bemerkt haben: Auch im Input selten präsente Konstruktionen werden vom Kind erworben, wenngleich in der Regel später als häufig präsente (vgl. Kap. 5.4). Tatsächlich wurde für das Englische zweifelsfrei nachgewiesen, dass im Input, dem Kinder ausgesetzt sind, Konstruktionen, die als Evidenz für R2 in Frage kommen, in beträchtlichem Ausmaß vorhanden sind (Pullum/Scholz 2002). Auch für eine Reihe anderer Konstruktionen, die Chomsky als Evidenz für angeborenes Grammatikwissen anführt, wurde gezeigt, dass ihr Vorkommen im Input plausibel gemacht werden kann. Das ist für die Nativisten ein Problem, denn damit ist dem ASS die empirische Grundlage entzogen.

Kritik ist auch an den von Chomsky und Pinker vertretenen Hypothesen hinsichtlich der Mechanismen, die dem Grammatikerwerb zugrunde liegen, geübt worden (Hirsh-Pasek/Golinkoff 1996). Erstens wird die Prinzipien-und-Parameter-Theorie einem Merkmal der Entwicklung der grammatischen Kompetenz des Kindes nicht gerecht: der Beobachtung, dass Kinder manchmal über einen längeren Zeitraum korrekte und inkorrekte Konstruktionen nebeneinander verwenden. Auch wurde nachgewiesen, dass Kinder nicht unbedingt alle mit einer grammatischen Kategorie verbundenen Funktionen gleichzeitig erwerben. Es kann vorkommen, dass ein Kind ein Substantiv bereits syntaktisch produktiv zur Bezeichnung verschiedener semantischer Rollen (z. B. Handelnder, Ziel einer Handlung) benutzt, die Pluralbildung dieses Wortes aber noch nicht beherrscht, oder dass einige Worte einer Wortart bereits gemäß der grammatischen Funktion verwendet werden, andere nicht (Tomasello/Olguin 1993). Wenn ein Parameter einmal gesetzt, die entsprechende einzelsprachliche Konstruktion also erworben ist, dürfte das nicht geschehen. Man kann sagen, dass zumindest in der Tendenz diese Theorie den Grammatikerwerb als zu ‹glatten›, kontinuierlichen Prozess erscheinen lässt. Der von Tomasello/Olguin beschriebene ‹mosaikartige› Verlauf des Grammatikerwerbs ist so jedenfalls schwer zu erklären. Zweitens erweckt Chomsky mit der Annahme, der Input sei lediglich eine Art Auslöser für Entwicklungsschritte, den Eindruck einer eher passiven Rolle des Kindes. Dieses Bild ist angesichts der Tatsache, dass Kinder mit der Sprache experimentieren, Fehler machen, (implizite und explizite) Korrekturen annehmen bzw. sich selbst korrigieren und sich durchaus anstrengen müssen, nicht unkritisiert geblieben. Drittens ist auch die Annahme des ‹semantic bootstrapping› in Zweifel gezogen worden, zumindest für die Kategorie ‹Subjekt›. Es gibt sog. Ergativ-Sprachen, in denen diese Kategorie andere Eigenschaften aufweist als etwa im Englischen und Deutschen. Für diese Sprachen könnte das Kind nach Tomasello (2005) die Beziehung ‹Handelnder› – ‹Subjekt› nicht herstellen und deshalb die grammatische Kategorie ‹Subjekt› nicht aktivieren. Viertens hat Chomsky im Laufe der Jahre den Gehalt der UG bis zur Unkenntlichkeit ausgedünnt. In radikalem Unterschied zur ursprünglichen Fassung erwägen Hauser, Chomsky und Fitch (2002) sogar, die UG könne nur ein einziges Element enthalten, nämlich Rekursivität, also grob: die Fähigkeit, Nebensätze zu bilden (Kap. 1.2). In späteren Arbeiten unter der Beteiligung Chomskys ist denn auch konsequenterweise von ‹Universalgrammatik› nicht mehr die Rede, doch bleibt es bei der Position, dass die Grammatikentwicklung durch die «Stimuli aus der Umgebung» stark unterdeterminiert sei, mithin angeborene, grammatikspezifische Faktoren zumindest für den Einstieg in die Grammatikentwicklung von ausschlaggebender Bedeutung seien (Berwick et al. 2011). Auch verfolgt Chomsky weiterhin die Idee, zumindest Rekursivität als einzigartige Eigenschaft der menschlichen Sprache sei das Produkt einer einzigen Mutation: «So führte eine kleine genetische Veränderung zu einer Neuverdrahtung des Gehirns, die diese menschliche Fähigkeit (zur Rekursivität) verfügbar machte» (Chomsky 2012).

Andere Vertreter einer nativistischen Position stellen hingegen längere Listen auf, die wiederum von Chomskys und Pinkers ursprünglichen Annahmen stark abweichen. Dass es in dreißig Jahren Diskussion nicht gelungen ist, eine einigermaßen einheitliche Vorstellung vom Gehalt der UG zu gewinnen, spricht zwar nicht prinzipiell gegen eine solche Theorie, schränkt aber den mit ihr verbundenen Erkenntnisgewinn extrem ein. Das war viel Kritik, doch soll nicht unterschlagen werden, dass die nativistische Forschungsrichtung zu einer Fülle von aussagekräftigen Untersuchungen des Grammatikerwerbs geführt hat, ja dass es erst die Nativisten waren, die sich dieses Themas überhaupt theoretisch fundiert angenommen haben.

Eine abschließende Bemerkung zum Thema ‹Gene›: Ich hatte in der Einleitung zu diesem Kapitel geschrieben, die Universalgrammatikhypothese impliziere die Annahme, dass es identifizierbare Gene geben müsse, die den Aufbau grammatischer Repräsentationen steuern. Die Behauptung, dass es keiner UG bedarf, um den Grammatikerwerb zu erklären, besagt lediglich, die Grammatiken natürlicher Sprachen seien auch ohne spezifische, diese Form des Erwerbs und nur diese ermöglichende Gene vom Kind erlernbar. Diese Lernbarkeitshypothese ist aber nicht gleichbedeutend mit der Behauptung, Sprache habe überhaupt keine genetischen Voraussetzungen. Das Gegenteil ist der Fall! So wurde in Dutzenden von Zwillings- und Adoptionsstudien gezeigt, dass genetische Faktoren für eine Reihe von individuellen Unterschieden in den sprachlichen Fähigkeiten sowohl von Menschen mit normaler Sprachentwicklung als auch von Patienten mit Sprachentwicklungsstörungen verantwortlich sind (Stromswold 2001). Aber die genetischen Grundlagen der Sprachfähigkeit, die man nach und nach zu entschlüsseln sucht, sind äußerst komplex. In der Presse hieß es eine Zeit lang, man habe mit dem sog. FOXP2-Gen ein ‹Grammatikgen› gefunden. Aber die spannende Geschichte dieses Gens und der von seiner Mutation betroffenen Familie ‹KE› gehört ins 8. Kapitel.

5.4 Funktionalistische Theorien

Da die Funktionalisten, wie gesagt, dem Input die entscheidende Rolle zuweisen, können sie die förderliche Rolle der entsprechend strukturierten ‹lehrenden Sprache› (Kap. 5.2) als Punkt für sich verbuchen. In einigen Studien wurde argumentiert, Bezugspersonen reagierten auf ungrammatische Äußerungen der Kinder tendenziell anders als auf grammatisch korrekte: Sie korrigierten zwar in unserem Kulturkreis, anders als die Kaluli, nicht mittels expliziter Kritik, aber sie neigten dazu, grammatikalisch fehlerhafte Äußerungen des Kindes eher zu reformulieren bzw. erweiternd zu wiederholen als grammatikalisch korrekte (Szagun 2013). Auch hatten wir gesehen, dass der Input solche Konstruktionen enthält, von denen die Nativisten annahmen, das Kind hätte zu ihnen keinen Zugang. Der Input ist also grammatikalisch betrachtet reichhaltig.

Schließlich haben die Funktionalisten Evidenz dafür beibringen können, dass Eigenschaften des Inputs mit Eigenschaften der sich entwickelnden Grammatik korrespondieren. Allerdings behaupten auch die Funktionalisten keineswegs, Grammatikerwerb beruhe auf einem einfachen Prozess von Speicherung und Nachahmung des Inputs. Wenn das so wäre, müssten erstens die im Input häufigsten Formen bzw. Konstruktionen auch die ersten sein, die das Kind erwirbt. So einfach ist es aber nicht (s. u.). Zweitens dürften die Kinder keine – oder jedenfalls nicht häufig – Fehler machen, was sie aber tun. Drittens lässt sich zeigen, dass andere Faktoren die Erwerbsreihenfolge stärker beeinflussen als die schiere Häufigkeit – nämlich beispielsweise die Komplexität und die «Zugänglichkeit» von Formen/Konstruktionen. Evidenz dafür ist mittels Sprachvergleich vielfältig vorgelegt worden. So erwerben Kinder das grammatische Genus im Spanischen, das ein transparentes, also für das Kind gut zugängliches System bildet, früher als das Genus im Walisischen, das ein schwer durchschaubares System mit vielen sich überlappenden Form-Funktions-Zusammenhängen bildet.

Dies bedeutet nicht, dass die Häufigkeit gar keine Rolle spielt: Auf häufigere Konstruktionen wird die Aufmerksamkeit des Kindes möglicherweise früher gelenkt als auf seltenere (Demuth 2007). Für eine Reihe von im Input sehr seltenen Konstruktionen wurde denn auch ein späterer Erwerb nachgewiesen als für häufige Konstruktionen. Beispielsweise erwerben Kinder, die britisches Englisch lernen, das Present Perfect (*Have you eaten yet?*) früher als Kinder, die amerikanisches Englisch lernen, denn in deren Varietät tritt diese Konstruktion viel seltener auf. Deutsche Kinder hören in der spontan gesprochenen Sprache kaum Präteritumformen; es verwundert deshalb nicht, dass

Hilde mit 3;2 für den Ausdruck der Vergangenheit, abgesehen von einzelnen Hilfsverben, nur Perfektformen verwendet. Es scheint so etwas wie eine ‹kritische Masse› zu geben, die erreicht sein muss, damit das Kind die jeweilige Struktur erwirbt (Gathercole/Hoff 2007). Wie groß diese jeweils ist, hängt wiederum mit der Zugänglichkeit zusammen, so dass beide Faktoren nicht getrennt betrachtet werden können. Vorkommenshäufigkeit könnte auch eine Rolle bei der Entwicklung der ‹produktiven› Grammatik spielen, die sich in Generalisierungen bzw. Übergeneralisierungen spiegelt (Tomasello 2000): Konstruktionen, die im Input häufig sind, werden sich eher ‹verankern› (von engl. entrenchment; vgl. unten) und dann korrekt verwendet als seltenere Konstruktionen; mit diesen geht das Kind eher ‹kreativ› um und generalisiert eventuell falsch. Z. B. übergeneralisieren englische Kinder eher das seltenere *arrive* (**I arrived it*) als das häufigere *come*. Zusammenfassend (Gathercole/Hoff 2007): Vorkommenshäufigkeit kontrolliert nicht als solche die Erwerbsreihenfolge – dafür müssen andere Faktoren verantwortlich sein –, doch beeinflusst sie die Zugänglichkeit einer Konstruktion. Für jede Konstruktion muss das Kind ein gewisses Maß an Erfahrung sammeln, eine kritische Masse des Inputs, um die relevanten Verallgemeinerungen leisten zu können, wenn denn die Entwicklung für diese Verallgemeinerungen reif ist. Die kritische Masse ist umso kleiner, je transparenter die Konstruktion ist.

Beeinflusst der Input die Erwerbsgeschwindigkeit? Hierfür gibt es verlässliche Evidenz: Beispielsweise erwerben Kindergartenkinder, deren Eltern bzw. BetreuerInnen häufiger komplexe Sätze äußern, entsprechende Konstruktionen schneller. Allgemein kann man sagen, dass neben der Menge des Sprachangebots auch die Qualität eine ausschlaggebende Rolle für den Grammatikerwerb spielt (Grimm 2012). Diese Erkenntnis, die von Nativisten hartnäckig ignoriert wurde, ist, wie man leicht einsieht, von pädagogischer Relevanz. Gut studieren lässt sich die Frage vor allem an mehrsprachig aufwachsenden Kindern (vgl. unten, Kap. 7.2): Ist die Inputmenge in Sprache A kleiner als in Sprache B, werden bestimmte Konstruktionen in A später erworben als in B, was beispielsweise für den Genuserwerb im Englischen und Spanischen nachgewiesen wurde. Mehr Input bedeutet schnellere Entwicklung – wobei die Erwerbsreihenfolge allerdings offenbar weitgehend durch andere Faktoren festgelegt wird.

Die Erwerbsreihenfolge wird nach nativistischer Auffassung durch die Universalgrammatik kontrolliert (vgl. oben, Kap. 5.3). Wie sieht die funktionalistische Alternative aus? Zum einen sehen die Funktionalisten einen Zusammenhang zwischen der Erwerbsreihenfolge und der kognitiven Entwicklung des Kindes. Zweifellos müssen Kinder zunächst begriffliche Vergleiche vornehmen können, um Komparativkonstruktionen (*Fritz ist größer als Hans*) korrekt bilden zu können. Allerdings muss man auch von einem Einfluss in die umgekehrte Richtung ausgehen: Sprache A kann die Aufmerksamkeit des Kindes auf begriffliche Aspekte lenken, die für Sprache B keine Rolle spielen, oder bestimmte begriffliche Aspekte mögen für Sprache A eine größere Rolle spielen und damit möglicherweise früher erworben werden als in Sprache B – allerdings wohl nur innerhalb bestimmter Grenzen (Gathercole 2006). Ein Beispiel: Kinder, die Deutsch erwerben, lernen für den Ausdruck räumlicher Distanz die beiden Wörter *hier* und *dort* (ugs. *da*), Kinder, die Spanisch erwerben, die drei Wörter *aquí*, *ahí* und *allí*. Deutsche Kinder müssen dazu einen Kontrast ‹nah› vs. ‹fern› konzeptualisieren, spanische aber einen Kontrast ‹nah› vs. ‹mittel› vs. ‹fern› (Levelt 1989). Sprache und Kognition beeinflussen sich also gegenseitig (Szagun 2013).

Zum anderen sehen die Funktionalisten einen Zusammenhang zwischen Erwerbsreihenfolge und grammatischer Komplexität. Das klang bereits an: Einfache Sätze werden vor Haupt-Nebensatz-Konstruktionen erworben, komplizierte, weniger transparente Konstruktionen (z. B. Genus im Walisischen) vor transparenteren (z. B. Genus im Englischen). In der Abfolge der Erwerbsschritte hängt das Maß der Komplexität aber auch davon ab, welche Konstruktionen jeweils bereits erworben worden sind, so dass das Kind darauf aufbauen kann. Abbot-Smith/Behrens (2006) konnten beispielsweise zeigen, dass ihr kleiner Deutsch lernender Proband das *sein*-Passiv vor dem *werden*-Passiv erwarb, weil er zuvor *sein* als sog. Kopula (wie in *Fritz ist groß*) erworben hatte. Wir haben es hier mit komplexen Zusammenhängen zu tun, deren Erforschung noch ganz am Anfang steht. Zweifellos trägt die funktionalistische Forschung zu Erwerbsreihenfolgen auf überzeugende Weise dazu bei, das Bild einer (primär) inputgetriebenen Grammatikentwicklung abzurunden.

Funktionalistische Theorien beantworten die Fragen, was das Kind für die Aufgabe des Grammatikerwerbs mitbringt und welche Mechanismen im Verlauf des Erwerbs wirken, zunächst negativ: Das Kind benötige keine grammatikspezifische Disposition im Sinne einer angeborenen Universalgrammatik, und es benötige auch keine grammatikspezifischen Lernmechanismen für den Aufbau grammatischer Strukturen. Wie denn dann das Kind grammatische Strukturen erwirbt, wird unterschiedlich beantwortet. Ich beschränke mich hier auf die sog. **gebrauchsbasierte Theorie des Grammatikerwerbs** (GBT) im Sinne von Michael Tomasello und Mitarbeitern mit ihrem grundlegenden Terminus «Konstruktion» (Tomasello 2003; Behrens 2009). Bisher habe ich diesen Terminus in dem in der Sprachwissenschaft allgemein üblichen vagen Sinne für jede Art von sprachlicher Einheit verwendet, sei es in der konkreten Äußerung, sei es für eine abstrakte syntaktische Struktur. In der GBT dagegen bekommen Konstruktionen einen definierten Status im Sinne der sog. Konstruktionsgrammatik (Goldberg 2003), und zwar als sprachliche Symbole mit Form-Funktions-Beziehung, die Einheiten unterschiedlicher Größe bilden und unterschiedliche Grade von Abstraktion repräsentieren können – und zwar derart, dass sich im Laufe des Grammatikerwerbs in der Regel eine Entwicklung vom Konkret(er)en zum Abstrakt(er)en vollzieht. Form-Funktions-Beziehung heißt, dass bei der Betrachtung der Konstruktion immer schon ihre semantische und pragmatische Funktion mitbedacht werden muss, und zwar vom Kind ebenso wie vom Sprachwissenschaftler. Die Grundeinheit der Sprachbetrachtung ebenso wie der sprachlichen Kommunikation, an der Kind und Sprachwissenschaftler ansetzen müssen, ist deshalb die sprachliche Äußerung (nicht ein Abstraktum wie «Satz») – Kinder erlernen nach Tomasello sprachliche Strukturen zu kommunikativen Zwecken und auf Basis ihrer kommunikativen Funktion. Ein Beispiel: Wir hatten in Kap. 5.3 den Erwerb von Fragesatzkonstruktionen des Typs (c) *Ist der Mann, der auf dem Golfplatz ist, groß?* zum Aussagesatz (a) *Der Mann, der auf dem Golfplatz ist, ist groß* diskutiert und gesehen, dass das Kind, anders als Pinker vermutet, für diese «Konstruktion» (jetzt im Tomasello'schen Sinne) Evidenz im Input findet. Wie erwirbt es aber konkret die Regel der Bildung von Konstruktionen wie in Satz (c), wenn es dazu keine Grundlage in der UG findet? Tomasello (2005) argumentiert, das Kind müsse lediglich erkannt haben, dass die gesamte Nominalphrase *(der Mann, der auf dem Golfplatz ist)* dazu verwendet wird, einen Akt der sprachlichen Referenz auf eine Person zu vollziehen. Dann würde es gar nicht in Versuchung kommen, aus dieser Phrase ein Hilfsverb herauszulösen und einen Satz wie (b) **Ist der Mann, der auf dem Golfplatz_, ist groß?* zu bilden; es würde **einfach verstehen**, dass diese Einheit funktional zusammengehört. In den vergangenen Jahren ist der Erwerb einer Reihe von komplexen Konstruktionen nach diesem Muster erklärt worden (Tomasello 2005).

Die Grundidee, dass Kinder mit ‹Konstruktionen› arbeiten, unterscheidet sich radikal vom nativistischen Ansatz, der einerseits den Erwerb des Lexikons, andererseits den Regelerwerb kennt – zwei grundsätzlich unterschiedene Erwerbsprozesse. Tomasello hingegen postuliert einen Erwerb von Grammatik, der mit dem Erwerb des einzelnen Wortes untrennbar verbunden ist: Konstruktionen werden ‹um das Wort›, vor allem das konkrete Verb, ‹herum› erworben, das frühe grammatische Wissen besteht in einem Inventar von relativ unabhängigen ‹Verb-Insel›-Konstruktionen, die eine Szene oder Erfahrung, die das Kind gemacht hat, mit einer Konstruktion koppeln (Ibbotson/Tomasello 2009). Zunächst erwirbt das Kind, so die Vorstellung, z. B. Verb-Insel-Konstruktionen wie: *X schlägt Y*, *X küsst Y*, *X stößt Y*, *X zieht Y* usw. und verwendet sie zur Erzeugung von Äußerungen. Dann verschmelzen diese wortgebundenen

Konstruktionen zu einer abstrakten Konstruktion des Typs ‹transitiv›, mit der das Kind produktiv umgehen kann. Analog denkt man sich die Entstehung anderer abstrakter syntaktischer Strukturen wie ‹intransitiv›, ‹passiv›, ‹Ja-Nein-Frage› usw. Das heißt: Es existieren spezifische syntaktische Strukturen, aber sie sind nicht angeboren, sondern aus dem Input abgeleitet, also das Resultat von Generalisierungsprozessen. Das Kind lernt nicht nur, wörtlich gespeicherte Konstruktionen zu reproduzieren – das gilt beispielsweise für idiomatische Ausdrücke –, sondern es kann auch abstrakte Strukturen aktivieren, wie beispielsweise die Passivkonstruktion. Es wird dann, wenn es die interne Struktur der Konstruktion erkannt hat, «auch das generative Potenzial dieser Struktur ausnützen» (Behrens 2009). Dass abstrakte syntaktische Repräsentationen in der Sprachverarbeitung aktiviert werden, zeigt der bekannte sog. Priming-Effekt: Tritt im Test oder Diskurs beispielsweise ein Passivsatz auf, so erleichtert dies im ersten Fall das Verständnis eines nachfolgenden Passivsatzes, im zweiten Fall erhöht sich die Wahrscheinlichkeit des Auftretens eines weiteren Passivsatzes – und zwar bei Erwachsenen ebenso wie bei Kindern.

Man kann also die Grundhypothese der GBT so charakterisieren: Grammatik ist lernbar. Ihr Erwerb basiert nicht auf einer spezifischen Disposition zur Grammatik im Sinne einer angeborenen UG; wir hatten gesehen (vgl. Kap. 5.3), dass Chomsky diese Idee selbst auch aufgegeben hat. Dann aber gibt es auch keine Probleme der Vermittlung von UG und einzelsprachlicher Grammatik. Aus der Sicht der GBT verhält es sich so: Da für syntaktische Konstruktionen die semantische und pragmatische Funktion immer schon konstitutiv ist, muss das Kind nicht erst die Beziehung zwischen (universalen) abstrakten Strukturen und ihrer je einzelsprachlichen Funktion herstellen – Hypothesen wie die des ‹semantic bootstrapping› (vgl. oben, Kap. 5.3) entfallen. So sind Konstruktionen auch historisch entstanden: als komplexe sprachliche Symbole mit Form und semantischer/pragmatischer Funktion, durch den historischen Prozess der Grammatikalisierung. Grammatikalisierung – insbesondere die Bildung von syntaktischen Konstruktionen – ist ein kultureller, kein biologischer Prozess, d. h., eine spezifische genetische Adaption für Grammatik müssen wir gar nicht annehmen. Ibbotson/Tomasello (2017) sprechen für bislang postulierte Universalien wie das grammatische Subjekt lediglich von einer ‹Familienähnlichkeit› der Phänomene. Eine solche Ähnlichkeit über die Grenzen von Sprachen und sogar Sprachfamilien hinweg kann man aus dem Zusammenspiel von Universalien der menschlichen Kognition, den determinierenden Merkmalen der menschlichen Kommunikation und den Anforderungen der vokal-auditiven Verarbeitung als physikalisch-physiologischem Prozess herleiten ohne das Postulat angeborener Universalien (Tomasello 2005).

Wenn es aber so sein soll, dass der Grammatikerwerb auf (möglicherweise angeborenen) generellen, bereits im vorsprachlichen Entwicklungsstadium des Kindes präsenten Fähigkeiten beruht, dann gilt es diese so weit zu spezifizieren, dass ihre Tauglichkeit als Grundlage des Grammatikerwerbs auch plausibel wird. Und es muss spezifiziert werden, wie denn das Kind konkret aus dem Input im Zusammenwirken mit den grundlegenden Fähigkeiten die Grammatik seiner Sprache bilden kann (vgl. die ersten beiden Fragen von Hirsh-Pasek/Golinkoff; oben, Kap. 5.1). Tomasello (2003) benennt als Grundvoraussetzungen für den Einstieg in den Spracherwerb die einzigartige menschliche ‹soziale Kognition› und die Mustererkennung. ‹Soziale Kognition› meint erstens die Fähigkeit bereits einjähriger Kinder, ihre Mitmenschen als absichtsvoll Handelnde zu verstehen, und zweitens die Ausbildung der ‹Theorie des Geistes› (Kap. 3.3.3) als Voraussetzung der Zuschreibung von Intentionen – einschließlich mehrstufiger Zuschreibungen: ‹sie weiß, dass ich weiß, dass sie weiß …› (Tomasello/Rakoczy 2003). ‹Mustererkennung› bezeichnet die Fähigkeit des vorsprachlichen Kindes zum Erkennen von Regelmäßigkeiten in der Abfolge von Signalen. Mit einem Beispiel aus dem frühen Spracherwerb: Schon im Alter von 8 bis 9 Monaten können Kinder zuvor gehörte, bedeutungslose Silbenfolgen von nicht gehörten unterscheiden. «Diese – übrigens auch in anderen Spezies nachgewiesene – Fähigkeit ist im Wesentlichen die des distributionellen Lernens, indem man Abfolgewahrscheinlichkeiten [...] berechnet» (Behrens 2009). Nach Tomasello wirken diese generellen kognitiven Fähigkeiten zur Bewältigung spezifischer Erwerbsaufgaben zusammen und konstituieren spezifische, auf den Spracherwerb gerichtete Prozesse: Ein solcher Prozess ist das ‹entrenchment› (etwa ‹Verankerung›), das ist das Registrieren wiederkehrender sprachlicher Konstruktionen und ihre Speicherung als Voraussetzung für den Vergleich mit anderen Sequenzen. Ein zweiter Prozess, die Abstraktion, steht für ebendiesen Vergleich, nämlich das Erkennen von sich wiederholenden formalen und funktionalen Elementen der Konstruktionen. Dadurch kann es bereits zum dritten Prozess kommen, der Kategorisierung: Im Deutschen etwa kann aus einem Verb-Input wie *ging*, *lachte*, *rief*, *rannte*, *legte*, *liebte* ... die Präteritumbildung mit *-te* analysiert und als Kategorie produktiv verwendet, aber auch übergeneralisiert werden (das Kind sagt dann zeitweise *gehte*, u. U. sogar parallel zum im Input vorhandenen *ging*). Ohne auf weitere Details eingehen zu können, sei festgehalten, dass sich gebrauchsbasierte Analysen dieses Typs inzwischen in der Beschreibung vielfältiger Erwerbsphänomene bewährt haben, auch in Anwendung auf komplexe, vermeintlich unlernbare Konstruktionen (Abbot-Smith/Behrens 2006). Wir sehen, dass hier ein plausibel fundiertes Forschungsprogramm entwickelt worden ist, das den Grammatikerwerb sowohl phylo- als auch ontogenetisch als kulturellen, an die Kommunikationsintentionen des Menschen rückgebundenen Prozess modelliert – und das inzwischen auch durch eine Reihe von Detailstudien konkretisiert worden ist.

6. Der Verlauf des Grammatikerwerbs im Deutschen

Ich gebe in diesem Kapitel einen kurzen Überblick über den Grammatikerwerb im Deutschen. Wegen der großen individuellen Unterschiede im Erwerbsverlauf sind Altersangaben nur grobe Richtwerte. Der Erwerb der Flexionsformen beginnt mit etwa 2;0, und mit etwa 4;0 sind die meisten Formen erworben. Bei Hilde verraten mit 1;11 «vereinzelt auftauchende Plurale, Indikative und Imperative, dass die flexionslose Zeit ihrem Ende entgegengeht» (Stern/Stern 1928). Adjektivendungen werden zunächst überwiegend fehlerhaft konstruiert (Hilde mit ca. 1;11: *große schiffche* = *großes Papierschiff*), mit zweieinhalb Jahren dann auch korrekt. Verben werden meist im Infinitiv verwendet (*nase putze* = *putzen*), es findet sich aber auch die 3. Person Singular (Hilde mit 1;10: *Mama! läft* = *Mama, Hilde schläft*), bei den Hilfsverben die 1. Person Singular (*will nich*, *kann nich* usw.). Beim Partizip Perfekt wird meist das *ge-* weggelassen (*runterfallen* für *runtergefallen*) oder durch *e-* ersetzt (*gut eslafen?*). Das grammatische Geschlecht (Genus) am Substantiv wird, in krassem Unterschied zum Erwerb des Deutschen als Fremdsprache durch erwachsene Lerner, praktisch fehlerfrei erworben. Sobald die ersten Artikel (*der*, *die* ... *ein*, *eine*) auftauchen, bekommen auch sie zumeist die korrekte Genusform. Das komplizierte System der Pluralformen beim Substantiv (*Frau* vs. *Frauen*, *Mann* vs. *Männer* usw.) wird langsam erworben, die ersten korrekten Formen finden sich aber schon mit 2;0. Übergeneralisierungen kommen vor, z. B. des produktiven Pluralmorphems *-s* (*die onkel-s* analog zu *auto-s*).

Langwierig ist der Erwerb der Kasusformen. Er beginnt mit etwa 2;0, Fehler sind aber bis etwa 5;0 üblich. Kasusformen am Artikel (*der*, *des*, *dem* ...) werden in der Reihenfolge Nominativ, Akkusativ, Dativ, Genitiv erworben. Beim Substantiv wird das Genitiv-s ([*des*] *auto-s*) wahrscheinlich früh – zugleich mit dem

Akkusativ – erworben, allerdings machen Stern/Stern (1928) dazu keine genaue Angabe. Einzelne Pronomina werden schon früh mit korrekten Kasusformen gebraucht. Hilde etwa äußert mit 1;10 u. a. *meine suppe*. Es ist zu vermuten, dass es sich hier um eine ganzheitlich gelernte Form handelt, die Endung *-e* ist noch nicht übertragbar, produktiv. Auch noch mit 2;6 kommen nur vereinzelt deklinierte Pronomina vor, so das der 1. Person im Dativ: *gib mir*; *mach mir*. Die im Deutschen ebenfalls komplexe Adjektivdeklination ist mit etwa dreieinhalb Jahren erworben; Hilde beispielsweise unterscheidet mit 3;2 korrekt zwischen starker und schwacher Deklination (*guter papa*, aber: *der gute papa*). Der häufigste Fehler, den Kinder beim Gebrauch der Kasusformen allgemein machen, ist die Übergeneralisierung des Akkusativs in Kontexten, die den Dativ erfordern, wie in *Da kann man mit den auto hinfahre*. Falscher Dativ für Akkusativ kommt seltener vor (Hilde mit 3;2: *haste mir ekratzt* = *hast du mich gekratzt*). Manche Flexions-‹Fehler› können aber auf dialektalen Sprachgebrauch zurückgehen, was bisher zu wenig untersucht ist (Szagun 2013). Im Berliner Stadtdialekt z. B. ist *Haste dir gestoßen?* korrekt. Und im Alemannischen wird (telefonisch) *anrufen* mit Dativ konstruiert (*Ich ruf dir morgen an*). Wenn ein Kind Pronomina so gebraucht, macht es also etwas aus der Sicht des Dialekts Richtiges.

Weshalb bereitet der Erwerb der Kasusformen solche Probleme? Die gängige Begründung, Kasusmarkierungen träten im Deutschen vor allem an Artikeln auf, diese seien aber unbetont und deshalb für das Kind wenig ‹prominent›, kann nicht überzeugen: Wir haben in Kap. 4 gesehen, dass Kinder schon ab 0;7–0;9 unbetonte Funktionswörter in einem Text wahrnehmen können und bereits mit 0;10 Artikelformen als selbstständige sprachliche Einheiten analysieren. Ein Grund könnte sein, dass die Kasusformen mehrdeutig sind: *das* z. B. kann im Neutrum Nominativ Singular oder Akkusativ Singular sein, *die* im Femininum Nominativ Singular, Akkusativ Singular, Nominativ Plural oder Akkusativ Plural. Das System ist also möglicherweise schlicht schwer zu durchschauen.

Der Erwerb der Verbflexion macht weniger Schwierigkeiten:

Imperativformen erscheinen früh, bei Hilde mit 1;9 *lass*, mit 1;10 *komm* und andere. Bereits mit 1;10 taucht die 3. Person Singular Präsens auf: *brennt*, *läft* = *schläft* und andere. Erste Tempusformen neben dem Präsens sind mit etwa 2;6 für das Hilfsverb *sein* belegt; Hilde verwendet die Präteritumformen *wa* und *wast*, z. B. in *ebirge wast* (= *im Gebirge war sie*), eine offensichtlich lexikalisierte Form, denn eine produktive Übertragung auf andere Verben gibt es nicht. Wenn sie sich auf die Vergangenheit beziehen will, tut sie das seit etwa 2;0 ansonsten mittels des Partizip Perfekt, wobei sie zunächst die schwache Konjugation übergeneralisiert: *aneziet* (*angezogen*), *eseht* (*gesehen*), *etinkt* (*getrunken*) usw., im Laufe der ersten Hälfte des 3. Lebensjahres aber immer häufiger auch die starke Konjugation verwendet: *weggegangen*, *hinnewoarfen* (*hingeworfen*), *ummebunden* (*umgebunden*). Mit etwa drei Jahren sind die Konjugationsformen der Hilfsverben bei Hilde vielfältiger geworden, sie verwendet *wirst*, *ewoarden* (= *geworden*), *willste*, *sollste*, *dürfen* und andere. Präteritumformen kommen nach wie vor nur bei Hilfsverben vor (neu jetzt *sollte* und *wollte*), bei Vollverben treten Perfektformen auf, z. B. in *wenn ich kakao getrunken habe* (3;0). Präteritumformen der Vollverben erscheinen nach Szagun (2013) später, wobei Übergeneralisierungen wie *gehte*, *gingte*, *gangte* häufig sind. Die gleichzeitige Verwendung der korrekten (z. B. *ging*) und der übergeneralisierten Form (z. B. *gehte*) könnte darauf hindeuten, dass für das Kind zwischen diesen Formen subtile Bedeutungsunterschiede bestehen, die allerdings schwierig zu beschreiben wären. Die erste Äußerung einer Plusquamperfektform notierten die Sterns bei Hilde mit etwa drei Jahren (*ich war schon bah ewesen* = *ich war schon spazieren gewesen*). Auch Futurformen mit *werden* treten um diese Zeit auf, und zwar, wie die Sterns berichten, immer korrekt: *ich wer se in de küche mal fragen …*; *wenn du ne puppe sein wirst, dann wer ich mit dir spazieren gehen*. Futurformen sind in der gesprochenen Sprache zum Verweis auf Zukünftiges sehr selten. Eine Verwendung wie in dem Puppe-Satz ist aber in der Kindersprache gebräuchlich. So sagen Kinder in Spielsituationen etwa: *Du wirst die Mutter sein und ich der Vater*. Diese

Form der «konditionalen» Verwendung des Futur haben die Sterns auch bei Hilde beobachtet: Sie denkt sich etwas aus und sagt: *Da werden wir aber lachen* (3;8).

Nun zum Erwerb der Syntax: Wir hatten gesehen, dass in der Zwei- und Dreiwortphase ‹Sätze› mit Endstellung der Infinitivform des Verbs produziert werden. Vereinzelt kann es aber auch schon zu vollständigen Sätzen mit Zweitstellung des finiten (d. h. flektierten) Hilfsverbs kommen, wie in *n'muh is put* (Hilde mit 1;9, sie zeigt das zerrissene Bild einer Kuh). Ab dem Ende des zweiten Lebensjahres werden auch finite Vollverben in Zweitstellung gebraucht. Hilde sagt mit etwa 2;0: *hier liegt er doch*, mit 2;3: *wieder macht tatei* (= *jetzt wird es wieder schlafen*), doch treten gleichzeitig immer noch Infinitive in Endstellung auf (*hilde leisch* [*Fleisch*] *essen*, 2;4). Der Grund dürfte sein, dass die Kinder entweder noch nicht bei allen Verben die erforderlichen Flexionsformen kennen oder sie bei der Satzproduktion nicht schnell genug, ‹online›, bilden können. Die Sterns berichten, in Übereinstimmung mit der zweiten Vermutung, dass Hilde vor allem beim schnellen Sprechen auch noch mit 3;9 Flexionsfehler unterlaufen, die sie dann gelegentlich selbst korrigiert: *ich hab auf ein pferd gereitet, weißt du, vater, wir haben auf ein pferd geritten*. Das Repertoire an Fragesatzstrukturen weitet sich stark aus; Hilde sagt mit etwa 2 Jahren: *hommt da?* (= *wer kommt da?*), *lingt der papa?* (= *klingelt der Papa?*).

Zunächst werden Satzketten noch ‹parataktisch›, das heißt als Folgen von Hauptsätzen, geäußert: *mama weggelauft, papa läuft tatei* (Hilde, vor 2;6). Die Nebensatzbildung (‹Hypotaxe›) ist im Deutschen kompliziert, weil die Stellung des finiten Verbs von der im Hauptsatz abweicht: Es steht nicht in Zweit-, sondern in Endstellung: … *ob sie hierher kommt*. Kinder lernen diese Regel um das dritte Lebensjahr herum; Hilde: *ich wer se in de küche mal fragen, ob sie hierher kommt* (3;0); *du reibst ja deine hände, weil's so kalt is* (3;2); *kriegst keine schnitte, hilde, wenn du so unatig bist* (2;10).

Um 3;0 treten Passivsätze auf: *puppe will in* (= *an*) *tisch gesetzt werden*; *jetzt muss eklingt* (= *geklingelt*) *werden* (Hilde mit 3;3). Doch sind Passivsätze bei Kindern bis ins 6. Lebensjahr relativ selten. Beim Sprachverstehen neigen sie insbesondere bei reversiblen Passivsätzen dazu, die Sätze nach der Abfolge der Wörter zu interpretieren (*Der Kater wird von dem Hund gejagt* → «Der Kater jagt den Hund»). Die große kognitive Komplexität der Konstruktion könnte die Produktion hemmen (Peltzer-Karpf 1994).

Mitte des 4. Lebensjahres werden Hildes Satzgefüge immer komplexer: *wenn de wiederkommst, dann schenk ich se dir, wenn se fertig is* (3;7), kleine Geschichten werden grammatisch kohärenter: *der marie will ich mal sagen, ob ich die soldaten gesehen habe drüben im hofe, und da haben se alle orntlich efiffen und da haben se de feifen ganz fest gehalten* (3;5). Recht komplexe Äußerungen sind für dieses Alter immer wieder überliefert worden. Im folgenden Beispiel ist nicht zu entscheiden, ob ein Verbstellungsfehler vorliegt oder ob das Kind die in der gesprochenen Sprache nach *weil* mögliche Verbzweitstellung wählt: *Schau, zuerst müssen wir da durchziehen und dann so drehen, weil sonst wird sie* [*die Lampe*] *kaputt* (vgl. oben, S. 66). In dieser Zeit äußert Hilde auch konjunktivische Sätze: Die Mutter hat gesagt, sie werde mit den Kindern spazieren gehen; Hilde: *der vater könnte auch mitkommen* (3;8). Relativsätze machen deutschen Kindern Schwierigkeiten. Die Sterns notieren für Hilde einen mit 4;3, es bleibt aber offen, ob es der erste ist: *der da unten spricht, der singt immer*. An der Verbendstellung kann das nicht liegen, denn die wird in anderen Nebensatztypen ja bereits beherrscht. Kielhöfer/Jonekeit (2002) vermuten, dass die Kinder das Relativpronomen (*der*, *die* etc.) noch als Demonstrativpronomen interpretieren: *der singt immer*. Mit etwa vier Jahren, so kann man schließen, beherrschen Kinder die «wichtigsten syntaktischen Prinzipien» (Peltzer-Karpf 1994). Im Laufe des 5. Lebensjahres kommen dann Konstruktionen wie der irreale Konditionalsatz hinzu: *wenn ich das hemdchen ausgezogen hätt', das wär doch auch schön*; *wenn oben auf'n* [falsche Kasusform] *schornstein was zugedeckt wäre, dann kann doch der rauch nich rauskommen* (Hilde mit 4;4). Ganz glatt geht das natürlich nicht immer, wie folgende Äußerung beweist. Die Mutter hat erzählt, dass die Sonne aus

Feuer besteht; Hilde (4;6): *wenn wir hätten in ihr sein, da hätten wir sehr verbrannt worden.* Man sieht, dass selbst die ausgesprochen sprachbegabte Hilde im 5. Lebensjahr noch Schwierigkeiten hat, bei komplexer Syntax Flexionsformen, die sie sehr wohl kennt, ‹online› korrekt zu produzieren. Auch Kielhöfer/Jonekeit (2002) beobachten das Auftreten von irrealen Konditionalsätzen bei Olivier und Jens zwischen viereinhalb und fünf Jahren.

Die Reihenfolge des Erwerbs der Nebensatztypen kann nach Kielhöfer/Jonekeit (2002) zugleich durch ihre kognitive und sprachliche Komplexität erklärt werden: Zuerst muss das Kind verstehen, dass Ereignisse aufeinanderfolgen können, es bildet temporale Nebensätze (*wenn* …) ab ca. drei Jahren. Innerhalb der Arten temporaler Nebensätze gibt es noch einmal beachtliche Schwierigkeitsunterschiede, die sich in der Erwerbsreihenfolge bemerkbar machen. So bildet im Satz *Walter trinkt ein Glas Saft, bevor er Fußballspielen geht* die Konstituentenabfolge das zeitliche Nacheinander ab, im Satz *Bevor Walter Fußballspielen geht, trinkt er ein Glas Saft* ist die Konstituentenabfolge aber gegenüber der zeitlichen Abfolge umgekehrt. Analoges gilt für Sätze mit *nachdem*. Mit der spontanen Interpretation solcher Sätze tun sich sogar Erwachsene gelegentlich schwer. Auf die Temporalsätze folgt die Bildung von Kausalsätzen (*weil* …) ab ca. 3;2. Wenn es zutrifft, dass Kinder schon mit 0;6 ein elementares Verständnis von mechanischer Verursachung haben (s.o., S. 66), ist der zeitliche Abstand zwischen der kognitiven und der aktiven (!) sprachlichen Beherrschung von Kausalität auffällig. Konzessivsätze (*obgleich* …) und die schon erwähnten Konditionalsätze entwickeln sich im 5. Lebensjahr. Man kann also sagen, dass vor dem 5. Geburtstag das Kind weitgehend über die Grammatik seiner Sprache gebietet.

7. Abweichende Spracherwerbsverläufe

Im Ausdruck ‹abweichende Spracherwerbsverläufe› ist ‹abweichend› nicht wertend, sondern rein beschreibend gemeint. Die Spracherwerbsforschung kennt einen ‹Normalverlauf› des Erwerbs, nämlich die Situation eines körperlich und geistig gesunden Kindes, das mit erwachsenen Bezugspersonen in einer natürlichen Sprache interagiert. Nur vor dieser Folie – und nur in diesem Sinne – sind die im Folgenden behandelten Spracherwerbsverläufe ‹abweichend›.

7.1 Zwillinge

Der Spracherwerb von Zwillingen ist aus zwei Gründen interessant. Erstens ist die Zwillingssituation keineswegs selten: In Deutschland ist etwa jede 50. Geburt eine Zwillingsgeburt. Zweitens herrscht in der Forschung Konsens, dass Zwillinge eine gegenüber Einlingen verzögerte Sprachentwicklung durchmachen. Die Unterschiede sind zwischen dem 2. und 5. Lebensjahr am ausgeprägtesten, einige Unterschiede, z. B. hinsichtlich der Artikulation, verlieren sich in der Regel mit etwa fünf Jahren, andere halten sich bis ins 10. Lebensjahr. Unter anderem wurde gefunden, dass Zwillinge später zu sprechen beginnen, ihre Spontansprache kürzere und weniger komplexe Sätze aufweist, der Wortschatz weniger umfangreich ist und sich die Artikulationsfähigkeit später differenziert. Wie groß die Sprachentwicklungsverzögerung ist, ist allerdings umstritten: Zumeist wird für Kleinkinder ein Rückstand von zwei bis sechs Monaten gegenüber Einlingen angenommen. Gelegentlich wurde ein Einfluss des Geschlechts gefunden: In einer Großgruppenstudie von Dale et al. (1998) schnitten weibliche Zwillinge insgesamt (als weibliches eineiiges Paar und als weibliches Kind eines zweieiigen gemischtgeschlechtlichen Paars) besser ab als männliche Zwillinge.

Es herrscht Konsens darüber, dass sich diese Sprachentwicklungsverzögerung nicht mit dem Zwillingsstatus per se erklären lässt. Vielmehr sind dafür biologische und soziale Faktoren verantwortlich, die prinzipiell auch die Entwicklung von Einlingen beeinflussen. Ein solcher biologischer Faktor ist der Geburtstermin: Frühgeburten (vor der 37. Schwangerschaftswoche) zeigen eine Sprachentwicklungsverzögerung, schneiden in vielen Sprachtests schlechter ab und haben ein höheres Risiko für Sprech- und Sprachstörungen (Stromswold 2006). Da etwa die Hälfte der Zwillinge, aber nur knapp 10 Prozent der Einlinge Frühgeburten sind, sind also Zwillinge hiervon besonders betroffen. Ein zweiter, damit verknüpfter Faktor ist das Geburtsgewicht. Kinder mit geringem Geburtsgewicht, seien sie Frühgeburten oder nicht, haben ein erhöhtes Risiko für Sprachentwicklungsverzögerungen und -störungen. Für Zwillinge gilt eine zehnmal höhere Wahrscheinlichkeit, mit geringem Geburtsgewicht geboren zu werden, so dass sie hier wiederum in besonderem Maße betroffen sind. Dieser Zusammenhang wird dadurch bestätigt, dass Zwillinge mit normalem Geburtsgewicht von Sprachentwicklungsverzögerungen und -störungen weniger betroffen sind als Zwillinge mit geringem Geburtsgewicht (Rooney et al. 2003).

Als weiterer Ursachenkomplex wird die psychosoziale Situation diskutiert. Die typische Kommunikationssituation mit Zwillingen ist ‹triadisch› (Bezugsperson, zwei Kinder), nicht ‹dyadisch› (Bezugsperson, ein Kind). Man sieht sogleich, dass dies mutatis mutandis auch für Geschwister in Familien mit mehreren Kindern gilt, wenngleich für Zwillinge die zeitliche Nähe extrem ist. Aufgrund der begrenzten Ressourcen der Bezugsperson an Zeit und Aufmerksamkeit für verbale Interaktion mit den Kindern bekommt ein Zwilling so u. U. weniger und qualitativ andere sprachliche Zuwendung als ein Einling. Wenn man davon ausgeht, dass der individuell auf das Kind zugeschnittene Input einen entwicklungsrelevanten Faktor darstellt, ist dies ein beachtenswertes Argument. Es wurde gezeigt, dass Zwillingsmütter ihre Babys deutlich weniger zu Aufmerksamkeit gegenüber der Umwelt animieren als Mütter von Einlingen und auch weniger mit ihnen sprechen. Der ‹didaktische Stil› der Mütter hat offenbar zur Folge, dass die Zwillinge weniger strukturierte sprachbezogene Anregungen bekommen als Einlinge, so etwa beim gemeinsamen Anschauen von Bilderbüchern. Wie wir gesehen haben, spielen solche hochstrukturierten Interaktionen eine bedeutende Rolle im Spracherwerb (vgl. oben, Kap. 3.1). Zu einem vergleichbaren Ergebnis kommen Tomasello et al. (1986). Ihre Zwillingsmütter sprachen zwar genauso viel mit den Kindern wie Einlingsmütter, doch führte die Notwendigkeit der Aufteilung ihrer Ressourcen zu qualitativen Veränderungen im Kommunikationsverhalten: Ihr Stil war ‹direktiver›, d. h., sie äußerten mehr direkte Aufforderungen, um die Situation zu bewältigen. Sie imitierten öfter die Äußerungen der Kinder, setzten sie aber seltener fort bzw. erweiterten sie seltener; auch dies wird von den AutorInnen auf die triadische Situation zurückgeführt. Wie wir gesehen haben (vgl. oben, Kap. 5.2), sind aber höchstwahrscheinlich gerade diese ‹Expansionen› ein die Sprachentwicklung förderndes Kommunikationsmuster. Man muss also Zwillingseltern raten, ihr Kommunikationsverhalten zu kontrollieren und Situationen zu schaffen, in denen auch das einzelne Kind zum Sprechen angeregt wird und seine Äußerungen aufgenommen und erweitert werden. Doch hat die Einübung in ‹triadische› Kommunikationssituationen auch Vorteile: Zwillinge verhalten sich hier verbal geschickter als Einlinge, können sich also auf komplexere Situationen besser einstellen (Tremblay-Leveau/Leclerc 1999).

Ein noch wenig erforschtes Phänomen ist die sog. Privat- oder Geheimsprache zwischen Zwillingen, in der neueren Forschung meist neutral als ‹Zwillingssprache› bezeichnet. Zur Präzisierung dieses Begriffs ist es sinnvoll, eine Skala der Ausprägung dieses Kommunikationsmittels aufzumachen, an deren einem Ende der ‹Jargon› und an deren anderem Ende die ‹Privatsprache› steht. ‹Jargon› meint, dass die Zwillinge untereinander in für andere komplett unverständlichen Äußerungen kommunizieren (zum ‹Jargon› im ‹expressiven Stil› vgl. oben, Kap. 3.2). ‹Privatsprache› steht für Äußerungen, in denen neben muttersprachlichen Elementen Neuschöpfungen von Wörtern und Wendungen auftreten. Wenn Zwillinge sich untereinander einer Privatsprache bedienen, charakterisiert z. B. durch Wortneuschöpfungen und prosodische Besonderheiten (wie schnelles und ‹nuschelndes› Sprechen), in Kommunikation mit anderen aber normal sprechen, ist nicht mit herausragenden Störungen der Sprachentwicklung zu rechnen. Traditionell wird angenommen, dass es sich hier um ein Verständigungsmittel handelt, das Zwillinge spontan erfinden und das Ausdruck ihrer Vertrautheit miteinander ist. Privatsprache in diesem Sinne ist aber auch zwischen Geschwistern und eng befreundeten Kindern beobachtet worden. Auch hier haben wir es also mit einem Merkmal zu tun, das nicht exklusiv Zwillinge betrifft. Und wir kommen zu dem Schluss, dass Besonderheiten des Spracherwerbs bei Zwillingen sich aus der Kombination mehrerer dieser Merkmale ergeben, also zum Beispiel der höheren Wahrscheinlichkeit eines geringen Geburtsgewichts plus einer höheren Wahrscheinlichkeit für das Auftreten von Privatsprache.

Anders liegen die Dinge, wenn Zwillinge sich im frühen Kindesalter untereinander ausschließlich eines Jargons bedienen. Spektakuläre Beispiele findet man bei Zimmer (1989). Es konnte gezeigt werden, dass bei solchen Zwillingen das Auftreten von behandlungsbedürftigen Störungen der Sprachentwicklung wahrscheinlicher ist als bei Zwillingen ohne Jargon. Es ist sogar erwogen worden, ob nicht, umgekehrt, in den Fällen, in denen bei Zwillingen später eine Sprachentwicklungsstörung diagnostiziert wurde, der Jargon bereits ein früher Ausdruck der Störung war. Wenn mit etwa eineinhalb Jahren bei einem Zwillingspaar noch keine erkennbaren Wörter der Muttersprache auftreten, ist eine entsprechende Abklärung geboten.

7.2 Mehrsprachige Kinder

Weltweit sprechen die meisten Menschen mehr als eine Sprache (Klein 2000). Da in Deutschland ein Drittel der Kinder unter fünf Jahren einen Migrationshintergrund hat, können wir für unser Land von einem wachsenden Anteil mehrsprachig, zumeist zweisprachig aufwachsender Kinder ausgehen. Von welchem Grad der Beherrschung einer zweiten Sprache an man als zweisprachig gilt, ist eine Frage der Definition, die Forschung gibt darauf unterschiedliche Antworten. Auch kann man auf unterschiedliche Weise zweisprachig werden: Eine Möglichkeit ist der ‹gesteuerte› Zweitsprachenerwerb durch Unterricht, auch ‹Fremdspracherwerb› genannt, eine andere der ‹ungesteuerte› Zweitsprachenerwerb beispielsweise von Arbeitsimmigranten. Ich werde im Folgenden aber nur den ‹doppelten Erstspracherwerb› betrachten, von dem man spricht, wenn ein Kind in den ersten beiden Lebensjahren zwei Sprachen gleichzeitig erwirbt.

Der doppelte Erstspracherwerb kann in unterschiedlichen familiären Konstellationen ablaufen. Im wohl häufigsten Fall haben die Eltern unterschiedliche Muttersprachen. Sie können dann, nach dem ‹Partnerprinzip› – eine Person, eine Sprache (EPES) –, mit dem Kind in ihrer jeweiligen Muttersprache sprechen. Auf diese Weise können beide Elternteile ihre sprachliche Identität im Umgang mit dem Kind wahren, die jeweiligen Eigenheiten ihrer Muttersprache in die Kommunikation mit dem Kind einbringen (z. B. Kinderreime, Wörter der Ammensprache) und zugleich die Voraussetzungen einer Verständigung des Kindes mit im Ausland lebenden Verwandten schaffen. Zwischen den Eltern kann sich allerdings dann Konfliktpotenzial entwickeln, wenn ein Elternteil die Sprache des anderen nicht versteht, also z. B. die Deutsch sprechende Mutter Türkisch nicht versteht, die Sprache, die der Vater mit dem Kind spricht.

Neben der Unterscheidung zwischen den Sprachen von Mutter und Vater spielen im Erwerbsprozess weitere sog. funktionale Sprachentrennungen eine Rolle. Dazu gehören die Familiensprache, die im Kreis der ganzen Familie gesprochen wird, zweitens gegebenenfalls die Sprache, die die Geschwister untereinander sprechen, drittens die Spielsprache, die sich durch die häufigsten SpielpartnerInnen des Kindes herausbildet, und viertens die Umgebungssprache, also die Sprache des Landes, in dem das Kind aufwächst. Es liegt nahe, dass Letztere aufgrund des Einflusses von Spielkameraden, Kindergarten und schließlich der Schule im Laufe der Jahre eine immer wichtigere Rolle einnimmt. Sie wird deshalb fast immer die ‹starke Sprache› des

Kindes. Die Unterscheidung von ‹starker› und ‹schwacher Sprache› (Kielhöfer/Jonekeit 2002) drückt aus, dass im doppelten Spracherwerb so gut wie immer ein Ungleichgewicht zwischen den Sprachen beobachtet wird, wobei dieses sich durchaus verschieben kann. Um den Einfluss der Umgebungssprache nicht übermächtig werden zu lassen, wird empfohlen, als Familiensprache und/oder Spielsprache nicht die Umgebungssprache zu pflegen, sofern dies möglich ist. Auch längere Aufenthalte der Kinder im Land der anderen Sprache, also z. B. bei den Großeltern, während derer konsequent in der betreffenden Sprache gesprochen wird, sind hilfreich, um die potenziell schwache Sprache zu fördern.

Die Beachtung des EPES-Prinzips scheint eine erfolgreiche zweisprachige Erziehung zumindest zu begünstigen, was selbstverständlich nicht heißt, dass punktuelle Durchbrechungen bereits schädlich sein müssen und zu ‹Semilingualität› (das Kind lernt keine der Sprachen richtig) führen. Auch kann die sklavische Befolgung des EPES-Prinzips die Spontaneität der Kommunikation zwischen Eltern und Kind beeinträchtigen und in einer Reihe von Situationen unangemessen sein (Abdelilah-Bauer 2008; Tracy 2008). Allerdings ist der gelegentlich zu findende Hinweis, man könne auch andere Regeln der Sprachentrennung einführen, m. E. nicht wirklich hilfreich: Bestimmte Räume oder bestimmte Situationen für jeweils eine Sprache reservieren zu wollen, erscheint im familiären Rahmen als schwierig. Ich möchte deshalb, gegen den Trend der einschlägigen Literatur und aus eigener Anschauung, davor warnen, vom EPES-Prinzip abzuweichen. Ein Scheitern ist vor allem dann wahrscheinlich, wenn ein Elternteil die Sprache, die nicht seine Muttersprache ist, nur unvollkommen beherrscht, sie aber trotzdem regelmäßig mit dem Kind spricht.

In der frühen Sprachentwicklungsphase, bis etwa 2;6, beobachteten Kielhöfer/Jonekeit (2002) bei den Kindern Jens und Olivier häufige ‹Sprachmischungen›. Darunter versteht man die Kombination von Wörtern, Satzteilen oder Sätzen aus den beteiligten Sprachen, so dass z. B. *encore tinta* (*noch trinken*) und *encore boire* abwechseln. Es gibt Anzeichen dafür, dass Kinder einzelne Wörter nicht in allen Fällen sicher einer der Sprachen zuordnen können, worin eine mögliche Ursache von Mischungen liegt. Diese ‹naiven Sprachmischungen› gehen mit wachsendem Bewusstsein der Zweisprachigkeit zurück, treten aber im Fall von Wortfindungsproblemen bei Jens, der gegenüber Mischungen toleranter ist als Olivier, durchaus auch später noch auf (mit 2;9: *Guck mal, eine mouche!* (*... Fliege!*). Auch kommt es bei Zweisprachigen zu ‹Interferenzen›. Das sind Überlagerungen von Regeln, die zu Fehlern führen. Bei Olivier und Jens wirkt vor allem das ‹starke› Deutsch in diesem Sinne auf das ‹schwache› Französisch ein. Um bei der *Fliege* zu bleiben: Die französische Äußerung *Fais pas la mouche morte!* ist grammatikalisch fehlerhaft, zugrunde liegt ihr offensichtlich die deutsche Konstruktion *Mach die Fliege nicht tot!*

Interferenzen und Sprachmischungen in der frühen Phase des Spracherwerbs gehören zur Zweisprachigkeit, sie sind, auch bei funktionaler Sprachentrennung, unvermeidlich und dürfen nach Tracy (1996) nicht als «Ausdruck defizitärer Sprachentwicklung» verstanden werden. Subjektiv sind sie für Zweisprachige hilfreich: In Fällen von ‹Sprachnot› können sie auf die andere Sprache zurückgreifen, um Wortfindungsschwierigkeiten zu überbrücken, sich genauer auszudrücken oder um komplexe Strukturen zu meiden.

Zur Zweisprachigkeit gehört auch die Fähigkeit zum Sprachenwechsel (‹Code-Switching›). Die soeben behandelten Sprachmischungen sind so gesehen Fälle von Code-Switching am falschen Ort. Die Fähigkeit zum Code-Switching ist, trotz gelegentlicher Probleme, eine der bewundernswertesten Leistungen der Zweisprachigen. Denn das Umschalten betrifft ja nicht etwa nur den Wechsel in ein anderes Sprachsystem, sondern betroffen sind auch Sprachrhythmus, Sprechgeschwindigkeit sowie die begleitende Gestik und Mimik! Zweisprachige können so «beim Umschalten den Eindruck erwecken, sich in eine andere Person zu verwandeln» (Kielhöfer/Jonekeit 2002). Spätestens gegen Ende des dritten Lebensjahres wählen die Kinder die Sprache in Übereinstimmung mit der des Gesprächspartners (Tracy 1996).

Bei der Besprechung der Sprachmischungen habe ich den Ausdruck ‹Bewusstsein der Zweisprachigkeit› verwendet. Diesen Aspekt haben Kielhöfer/Jonekeit (2002) bei Olivier und Jens detailliert verfolgt. Einzelheiten würden hier zu weit führen. Jedenfalls zeigen Kinder am Ende des dritten Lebensjahres explizites metasprachliches Wissen über die Koexistenz der Sprachen, das sich in Dialogen wie dem folgenden äußert. Mutter: *In the Kita* [Kindertagesstätte] *they call it ‹Frühstück›, don't they?* – Hannah (2;9): *Und du heißt das ‹breakfast›* (Tracy 1996).

Mit dem Bewusstsein der Zweisprachigkeit entwickelt sich zugleich die – positive oder negative – Einstellung des Kindes zur Zweisprachigkeit. Die Einstellung spielt eine wichtige Rolle für das Gelingen oder Misslingen der zweisprachigen Sozialisation. Die Einstellung wiederum wird u. a. vom Prestige der Sprachen beeinflusst: Ein negatives Image einer der Sprachen, das sich z. B. in abfälligen Bemerkungen Erwachsener oder von Spielkameraden äußert, kann eine ‹Sprachkrise› auslösen: Die Kinder genieren sich, z. B. im Kindergarten diese Sprache zu sprechen. Die Folge kann schließlich Sprachverweigerung sein. Neben dem Prestige einer Sprache können auch emotionale Gründe eine Sprachverweigerung verursachen, etwa durch eine gestörte Beziehung zu dem Elternteil, das die Sprache spricht. Auch kann die schwache Sprache so ins Hintertreffen geraten, dass sie schließlich verweigert wird. Eltern, die sich auf eine zweisprachige Erziehung einlassen und diese konsequent durchhalten, können deshalb durchaus die Erfahrung machen, dass ein Kind zur Einsprachigkeit zurückkehrt.

Es ist nicht einfach, **Nachteile** des doppelten Erstspracherwerbs auszumachen. Alle Einwände, wie zweisprachige Kinder seien überfordert, sie erlernten keine der Sprachen richtig, sie hätten einen verzögerten Spracherwerb und größere psychische Probleme als Monolinguale, sie neigten gar zur Schizophrenie usw., haben sich als Vorurteile erwiesen. Auch im Einzelnen ist inzwischen nachgewiesen worden, dass sich mono- und bilinguale Erwerbsverläufe nicht signifikant unterscheiden (Tracy/Gawlitzek-Maiwald 2000), wenngleich es z. B. beim Erwerb morphologischer Formen zu Verzögerungen kommen kann (Gathercole/Hoff 2007). Die **Vorteile** des doppelten Erstspracherwerbs liegen auf der Hand: Die Kinder wachsen auf natürliche Weise in zwei Sprachen und damit tendenziell in zwei Kulturen hinein, Prozesse, die im Schulalter mühsamer ablaufen.

Doch gilt es, die Vorteile des doppelten Erstspracherwerbs nicht überzubetonen. Die schwache Sprache kann durchaus Probleme bereiten, insbesondere mit Beginn des Schriftspracherwerbs. Und wenn es auch zutrifft, dass insbesondere die Aussprache bei späterem Lernbeginn größere Probleme bereitet, so können Fremdsprachen doch auch nach dem Schuleintrittsalter noch bis zur Perfektion erlernt werden (Bongaerts 1999). Allerdings scheint dabei, im Unterschied zum Erstspracherwerb, so etwas wie ‹Begabung› eine Rolle zu spielen. Kosten und Nutzen der zweisprachigen Sozialisation sollte man deshalb nüchtern sehen (Kielhöfer/Jonekeit 2002). Als Voraussetzungen für eine erfolgreiche zweisprachige Erziehung nennen diese Autoren die konsequente Sprachentrennung, eine positive Einstellung der Eltern zur Zweisprachigkeit, ausreichende emotionale und sprachliche Zuwendung durch beide Elternteile und positives Sozialprestige beider Sprachen. Die ersten drei Voraussetzungen können die Eltern steuern, die vierte nicht. Unter ungünstigen Voraussetzungen den doppelten Spracherwerb erzwingen zu wollen, ist unsinnig.

Ein seit Ende der 1990er Jahre intensiv verfolgtes Forschungsprogramm betrifft die Repräsentation von zwei und mehr Sprachen im Gehirn (Nitsch 2007). Es geht um die Frage, ob eine zweite Sprache (L2) andere Subareale der für die Sprachverarbeitung relevanten Areale aktiviert als die Erstsprache (L1). Als sprachrelevante Areale werden dabei das Broca- und das Wernicke-Areal untersucht. Ein Faktor, der die Repräsentation beeinflusst, ist das Erwerbsalter (Bloch et al. 2009): Wird die L2 früh, also etwa innerhalb der ersten fünf Lebensjahre, erworben, zeigt sich wenig Variation in den Repräsentationen von L1 und L2. Kommt eine dritte später hinzu, aktiviert auch sie dieselben Subareale. Wird die L2 später erworben, also etwa ab dem 9. Lebensjahr, zeigt die Aktivation eine deutlich größere Variabilität. Die Autoren schließen daraus, das geringe Maß an Variabilität bei den ‹frühen Mehrsprachigen› spreche dafür, dass die frühe Exposition von zwei Sprachen in einem Sprachverarbeitungssystem resultiere, das in der Lage sei, mit allen, auch später erlernten Sprachen klarzukommen. Nicht so, wenn in den ersten ca. 9 Jahren nur eine Sprache erworben werde: Dann sei das System offenbar nicht in der Lage, sich an später hinzukommende Sprachen im selben Maße zu akkomodieren. Man kann hieraus also die Forderung ableiten, dem Kind eine zweite bis *n*-te Sprache möglichst früh nahezubringen. Neben dem Erwerbsalter spielt für die Repräsentation allerdings auch der Grad der Beherrschung der beteiligten Sprachen eine Rolle: Mehrfach wurde gefunden, dass bei niedrigem Grad der Beherrschung zusätzliche Subareale aktiviert werden, die Variabilität also größer ist als bei guter Beherrschung (Perani et al. 1998; Chee et al. 2001). Es lohnt sich, diese spannende und auch für die Praxis der Sprachenvermittlung relevante Forschung in den kommenden Jahren aufmerksam zu verfolgen.

7.3 Hörgeschädigte Kinder

7.3.1 Definitionen und Schweregradbestimmung. Wie viele Kinder Hörschäden haben, kann nur grob geschätzt werden. Alle Ursachen und Schweregrade zusammengenommen, kommt man auf 2–4 % eines Geburtsjahrgangs. Der Schweregrad der Störung wird nach der Hörschwelle (in Dezibel) bestimmt, d. h. nach der Lautstärke, die ein Ton haben muss, um noch gehört zu werden (‹Tonaudiometrie›). Man unterscheidet vier Grade der Hörstörung (Löhle 1991): 1. leichtgradig (20–40 dB), 2. mittelgradig (40–60 dB), 3. hochgradig (60–90 dB) und 4. Resthörigkeit/Gehörlosigkeit (>90 dB). Die Gruppen 1–3 nennt man ‹schwerhörig›, d. h., die Betroffenen weisen verminderte Hörfähigkeit auf, sind aber noch imstande, akustische Eindrücke und Sprache über das Gehör wahrzunehmen. Bei Gruppe 4 unterscheidet man Betroffene, die mittels Hörgeräten noch akustische Wahrnehmungen haben, von solchen, für die das nicht gilt und die deshalb als ‹gehörlos› bezeichnet werden. Etwa eins von tausend

Kindern wird resthörig geboren oder entwickelt Resthörigkeit in den ersten Lebensmonaten, mit entsprechend gravierenden Konsequenzen für den Spracherwerb. Zusätzlich ist ein weiteres von tausend Kindern vor Erreichen des Erwachsenenalters von Resthörigkeit betroffen.

Zwar haben mehr als 90 % der gehörlosen Kinder hörende Eltern, doch ist familiäre Schwerhörigkeit der Risikofaktor Nummer eins: 60 % der Fälle schwerer Beeinträchtigung sind durch genetische Defekte verursacht (Löwe 1996), wobei die Schädigung in etwa einem Drittel der Fälle nicht schon bei der Geburt vorliegt, sondern in den ersten beiden Lebensjahren eintritt. Zwar wird intensiv nach Genen gesucht, die für erbliche Hörstörungen verantwortlich sind, aber an der Bildung der Hörorgane sind Dutzende von Genen beteiligt (Petit 1996), so dass die Erforschung kompliziert ist. Klinische Konsequenzen sind entsprechend noch Zukunftsmusik.

Medizinisch werden zwei Grundformen von Hörstörungen unterschieden: (1) **Schallleitungsstörungen** betreffen das Mittelohr, wenn sie nicht aufgrund eines Verschlusses des äußeren Gehörgangs entstanden sind. Sie werden häufig durch Mittelohrentzündungen verursacht; die Hörstörung liegt in der Regel unter 40 dB und bildet sich mit der Heilung zurück. Die Mittelohrentzündung gehört zu den häufigsten Erkrankungen in der frühen Kindheit. Eine chronische Mittelohrentzündung (Dauer: länger als drei Monate, Vorliegen eines Trommelfelldefekts) oder wiederkehrende Mittelohrentzündungen bergen das Risiko einer verzögerten Sprachentwicklung (Grimm 2012). Man sollte deshalb bei Kindern, die wiederholt unter Mittelohrentzündungen leiden, die Hörfähigkeit überprüfen lassen. (2) **Schallempfindungsstörungen** betreffen das Innenohr (die sog. Schnecke oder Cochlea) bzw. den Hörnerv. Sie sind irreparabel und führen in der Regel zu schweren Beeinträchtigungen. Mit einer apparativen Hörhilfe oder, unter gewissen Bedingungen, mit einer Innenohrprothese, dem Cochlea-Implantat (vgl. unten, Kap. 7.3.3), kann die Hörleistung verbessert werden.

7.3.2 Lautspracherwerb. Prinzipiell steht dem hörgeschädigten Kind sowohl der Weg in eine Gebärdensprache als auch in die Lautsprache offen. Inwieweit der Lautspracherwerb gelingt, hängt u. a. von der Schwere der Hörstörung ab. Löhle (1991) unterscheidet vier Gruppen: Gruppe A (sehr gutes Restgehör, Hörverlust von 91 dB bis ca. 110 dB im Frequenzbereich 1000–4000 Hz) kann mit Hilfe des Hörgeräts die Prosodie und phonologische Differenzierungen der Sprache auditiv erfassen und das lautsprachliche Niveau hochgradig schwerhöriger Kinder erreichen. Gruppe B (gutes Restgehör, Hörverlust von ca. 100 dB bis 110 dB im Frequenzbereich 1000–2000 Hz) kann mit Hilfe des Hörgeräts die Prosodie der Sprache erfassen, im Bereich der Phonologie gelingt hingegen oft nur noch die Unterscheidung von Vokalen. Gruppe C (sehr geringes Restgehör, bei 1000 und 1500 Hz Hörverlust zwischen 70 und 90 dB) unterscheidet auditiv überwiegend nur noch rhythmische Merkmale. Gruppe D (völlig gehörlose Kinder) kann auch mit Hörgerät weder prosodischen noch phonologischen sprachlichen Input wahrnehmen. Kinder der Gruppen C und D sind heute Kandidaten für ein Cochlea-Implantat (vgl. unten, Kap. 7.3.3).

Weiterhin hängt die Möglichkeit des Lautspracherwerbs von der frühzeitigen Diagnose, einer ausreichenden therapeutischen Versorgung, ggf. einschließlich der Anpassung einer Hörhilfe, und einer intensiven lautsprachlichen Frühförderung ab. Erst seit 2009 gibt es in Deutschland eine flächendeckende gezielte frühe Diagnostik: Im Rahmen des Neugeborenen-Screenings (Früherkennungsuntersuchung U2, 2.–3. Lebenstag) findet nun ein Hörscreening statt. Die U3 (4.–5. Lebenswoche) enthält zwei Tests zum Hörvermögen, und auch im Rahmen der U4 (3.–4. Lebensmonat) wird ein Test zur Geräuschwahrnehmung durchgeführt. Nachweislich lässt sich so der Zeitpunkt der Diagnose einer angeborenen Hörstörung drastisch senken: nach einer Hessischen Untersuchung im Mittel von 39 auf 3 Monate. Dies ist für die Behandlung von entscheidender Bedeutung.

Befürworter einer kompromisslosen Lautspracherwerbsförderung (sog. oral-aurale Methode) betonen, dass die Versorgung mit einem Hörgerät mit spätestens 0;6–0;8 notwendig und schon ab 0;3 möglich ist. Löwe (1996) vertritt die Meinung, dass für die Mehrheit der resthörigen und hochgradig schwerhörigen Kinder die Vermittlung der Lautsprache das geeignete Verfahren sei, weil nur so das Kind mit den Angehörigen seiner Sprachgemeinschaft kommunizieren könne. Inwieweit der Lautspracherwerb hörgeschädigter Kinder gelingen kann, ist aber umstritten. Peltzer-Karpf (1994) kommt aufgrund empirischer Studien zur Lautsprachentwicklung zu einem optimistischen Fazit: Durch eine Früherkennung der Hörschädigung und durch gezielte Frühförderung könnten selbst noch hochgradig hörgeschädigte und resthörige Kinder «zu einer guten [Laut-]Sprachentwicklung» geführt werden. Kiese-Himmel (1999) hingegen stellt fest: «Trotz intensiver Förderung erlernen die meisten der prälingual [vor Beginn des Spracherwerbs; J. D.] Hörbehinderten eine Lautsprache nur rudimentär. Lediglich ein geringer Prozentsatz erreicht einen Grad laut- bzw. schriftsprachlicher Kompetenz, der sozial und emotional befriedigende Kontakte ermöglicht.» Die Liste der Abweichungen von der normalen Artikulation ist auch bei resthörigen Kindern über acht Jahren noch lang, allerdings mit großen individuellen Unterschieden. Man beobachtet u. a. Vokalreduktionen, Fehler der Stimmgebung (stimmlos – stimmhaft), Nasalierung, Ersetzung von Frikativen, Reduktion auslautender Konsonanten, Verlangsamung des Sprechtempos, Betonungs- und Pausenfehler sowie Segmentdehnungen. Der Frequenzumfang ist geringer, die Grundfrequenz erhöht, die Stimme ist zu stark angespannt und/oder behaucht, und es kommt zu unnatürlichen Variationen der Lautstärke. Die Verständlichkeit leidet außerdem darunter, dass manche Kinder ihre Atmung nicht unter Kontrolle haben. Mehrfach wurde gefunden, dass die Abweichungen auf der phonologischen Ebene die Verständlichkeit der Äußerungen stärker beeinträchtigen als die Abweichungen in der Prosodie. So kommt es, dass die Lautsprache resthöriger Kinder auch nach Abschluss der Schule schwer bis nahezu unverständlich ist und sie auch nur ein Drittel der Lautsprache von den Lippen ablesen können (Grimm 2012).

Einigkeit besteht darin, dass bei schwer hörgeschädigten und resthörigen Kindern gegenüber normal hörenden der Erwerb der Lautsprache **verzögert** ist (Mogford-Bevan 1993), doch fand man schon im frühen Stadium auch **qualitative** Abweichungen. Bereits in der Schreiphase unterscheiden sich resthörige von hörenden Kindern: Einige Arten des Schreiens treten später auf, der Zornesschrei und eine bestimmte Form des Schmerzschreis scheinen ganz zu fehlen. Auch zeigen hörende Säuglinge eine größere Variation der Schreiformen, so beim Hunger- und Sättigungsschrei. Man sieht hieran, dass das Schreiverhalten als solches zwar angeboren, die Ausprägung aber teilweise von der akustischen Rückkopplung abhängig ist.

In der frühen vorsprachlichen Phase einschließlich des Gurrens scheinen sich resthörige Säuglinge ansonsten von ihren normal hörenden Altersgenossen nicht auffallend zu unterscheiden. Auch für die frühe Babbelphase, etwa bis zum Alter von 0;5, wird meist von einer weitgehenden Übereinstimmung mit der Entwicklung normal hörender Kinder berichtet. Allerdings gibt es Hinweise darauf, dass schon ab 0;4 die Vielfalt der geäußerten Laute bei den Hörgeschädigten geringer und der Anteil vorderer Laute größer ist. Letzteres könnte damit zusammenhängen, dass die Bildung dieser Laute teilweise an den Lippen ablesbar ist. Eine eindeutige Abweichung vom normalen Erwerbsverlauf zeigt sich beim ‹kanonischen Babbeln› (bei hörenden Kindern etwa ab 0;7; Kap. 2.2.2): Hörgeschädigte Kinder treten nicht nur später, zwischen 0;11 und 2;1, in die Phase der Silbenwiederholungen ein, sondern sie scheinen auch weniger intensiv kanonisch zu babbeln. In dem Alter, in dem normal hörende Kinder kanonisch babbeln, also ihre Artikulationen variieren, werden bei hörgeschädigten Kindern primär Variationen der Phonation, d. h. von Stimmhöhe, Lautstärke, Stimmgebung (stimmlos – stimmhaft) usw., beobachtet.

In der weiteren Entwicklung entfällt aufgrund des fehlenden Inputs die beim normal hörenden Kind rasch fortschreitende Anpassung des Lautinventars an die Muttersprache. Zwar können auch resthörige Kleinkinder aufgrund der genauen Beobachtung der Artikulation um das erste Lebensjahr herum *Mama* und *Papa* äußern. Wird die Hörstörung nicht erkannt, geben die Kinder diese Äußerungen aber bald auf, weil ihnen die Wahrnehmung der eigenen Lautäußerungen fehlt, aber auch, weil die Eltern ihnen weniger sprachliche Zuwendung entgegenbringen. Löhle (1991) konstatiert deshalb, «dass bereits am Ende des ersten Lebensjahres beim hochgradig schwerhörigen Säugling eine Störung der Atmung, Phonation und Vokalbildung auftritt, deren Ursache primär in der fehlenden akustischen Rückkopplung, aber auch in der sekundären Störung der elterlichen Kommunikation zu suchen ist».

Das Auftreten der ersten Wörter, bei normal hörenden Kindern vor dem Ende des ersten Lebensjahres, wird für leichtgradig hörgestörte Kinder etwa zur selben Zeit beobachtet, doch verweilen diese länger in der Einwortphase, nämlich im Schnitt achteinhalb Monate. Bei mittelgradig beeinträchtigten Kindern tritt das erste Wort durchschnittlich mit 17,6 Monaten auf, bei schwer beeinträchtigten und resthörigen mit 2;6. Hörgeschädigte Jungen sind im Allgemeinen in ihrer Sprachentwicklung stärker verzögert als Mädchen, nämlich um ca. zwei Monate.

Der Erwerb der Grammatik leidet bei präverbal Hörgeschädigten am stärksten unter dem reduzierten Input (Mogford-Bevan 1993). Man geht davon aus, dass schon bei einem Hörverlust von 20 dB die – ja unbetonten – Funktionswörter und Flexionsendungen nicht mehr verstanden werden. Dies führt zu einer begrenzten Anwendung von Pronomina, Artikeln und Präpositionen mit entsprechenden Folgen für Komplexität und Korrektheit der Sätze. So wird in der Forschung von Vereinfachungen syntaktischer Strukturen berichtet, mit einer Bevorzugung einfacher Aussagesätze. Peltzer-Karpf (1994) berichtet, dass von ihr untersuchte Hörgeschädigte noch mit fünf Jahren nur einfache Aussagesätze äußerten, wobei die Konzentration auf Inhaltswörter bei den 5–7-Jährigen zu Sätzen wie *Walter Bettina waschen*, *Fische Krokodil gefressen* führte. Die Verständnisleistungen sind durchweg besser als die Produktionsleistungen. Probleme bereiten hier insbesondere ‹reversible› Passivsätze (*Der Hund wird von der Katze gebissen*; auch möglich: *Die Katze wird von dem Hund gebissen*), die von hörgeschädigten Kindern noch mit 10–11 Jahren häufig falsch, nämlich gemäß der Reihenfolge der Wörter im Satz, interpretiert werden (*Der Hund beißt die Katze*). Normal hörende Kinder dagegen beherrschen reversible Passivsätze ab ca. 6;0 aktiv und passiv (vgl. oben, Kap. 6). Die stärkste Verzögerung gegenüber normal hörenden Kindern zeigt sich bei Fragesätzen. Von den hörgeschädigten Kindern äußern nur einige und nur in der Altersgruppe von zehn bis elf Jahren selbstständig situationsbezogene Fragen (*Darf ich etwas trinken?*).

Die Schriftsprache erlernen resthörige Kinder, wie hörende Kinder auch, gewöhnlich auf der Grundlage der Lautsprache. Eine zumindest ergänzende Vermittlung über das Fingeralphabet ist möglich (vgl. unten, Kap. 7.3.4). Die Probleme beim Verstehen gesprochener Sprache beeinträchtigen den Aufbau sprachlicher Strukturen, so dass auch das Lesen, obwohl ja der beeinträchtigte auditive Kanal umgangen wird, darunter leidet. Die Leseleistung von Schulabgängern wird als ‹enttäuschend› bezeichnet: So sollen weniger als 12 % der gehörlosen Jugendlichen auf amerikanischen Highschools, also im Alter von ca. 15–18 Jahren, die Leseleistung von Neunjährigen erreicht oder übertroffen haben. Beim Schreiben treten ähnliche Probleme auf wie in der gesprochenen Sprache: Auch hier zeigten sich bei 16–18-Jährigen Schwierigkeiten mit der Flexion und mit Funktionswörtern sowie die Bevorzugung einfacher Aussagesätze (Mogford-Bevan 1993).

7.3.3 Das Cochlea-Implantat. Das Cochlea-Implantat (CI) ist eine elektronische Hörprothese, die die gestörte Funktion des Innenohrs, genauer: der Haarzellen in der Schnecke (Cochlea), übernimmt. Physiologische Voraussetzung ist, dass Cochlea und Hörnerv normal ausgebildet sind. Kern des CI sind ein Empfänger für elektromagnetische Signale, der in den Schädelknochen implantiert wird, und ein mit ihm verbundener Elektrodenträger in Form eines Drahtes, der in die Cochlea eingeführt wird und dort die Funktion der Haarzellen übernimmt: Die Elektroden stimulieren den Hörnerv. Sprachschall wird über ein Mikrofon und einen Sprachprozessor in elektromagnetische Signale umgewandelt und drahtlos durch den Schädelknochen an den Empfänger übertragen (Laszig 1997). Für eine Versorgung mit dem CI kommen (neben postlingual ertaubten Erwachsenen) Kinder in Frage, (1) die gehörlos geboren bzw. vor oder während des Spracherwerbs beidseits ertaubt sind, (2) deren Resthörigkeit ein Sprachverstehen ausschließt. Auch geht seit einigen Jahren die Tendenz zur simultanen oder sukzessiven beidseitigen Versorgung.

Nach abgeschlossener Wundheilung muss der Sprachprozessor optimal eingestellt werden. Das ist bei Erwachsenen, die bald nach der Ertaubung operiert wurden, unproblematisch, sie können häufig schon am ersten Tag der Anpassung Sprache wieder verstehen. Über 80 % der spätertaubten Erwachsenen können sogar wieder telefonieren. Bei Kindern muss die Anpassung spielerisch geschehen, wozu es eines erfahrenen Teams bedarf. Je früher die Implantation geschieht, desto besser entwickelt sich das Sprachvermögen: In einer Studie an 156 Kindern mit CI (Laszig et al. 2009) wurden drei Gruppen nach Implantationsalter unterschieden: A – Alter (Median) 1,52 Jahre, B – Alter 3,26 Jahre, C – Alter 8,69 Jahre. Untersucht wurde das offene Sprachverständnis, und es zeigte sich, dass Gruppe A besser als B und C, aber auch Gruppen B besser als C abschnitt. Die Autoren sehen somit die These ‹früher ist besser› bestätigt. Außerdem verweisen sie auf Studien, die zeigen, dass sich bei den Kindern nicht zwangsläufig nach einigen Jahren ein Lernplateau einstellt, d. h. die Sprachverständnisleistung stagniert, sondern dass bei einem beachtlichen Prozentsatz auch nach 9 oder 10 Jahren noch Fortschritte möglich sind. Weniger Einigkeit herrscht in der Frage nach der obersten Altersgrenze für prälingual Ertaubte. Realistisch erscheint hier der Bereich von sechs bis acht Jahren (Laszig 1997), was mit der ‹kritischen Periode› des Spracherwerbs zu tun hat (vgl. oben, Kap. 5.3).

Das nach CI-Versorgung im Vergleich zu normal hörenden Kindern erreichbare Sprachverständnisniveau variiert «ungemein» (Macherey/Carlyon 2014). In Studien an größeren Gruppen reicht der Prozentsatz der CI-Kinder, die das Niveau Normalhörender erreicht hatten, von 14 % (Versorgungsalter

4 Jahre) über 43 % (Versorgungsalter 2 Jahre) und 50 % bis zu 75 %, wobei die Studien nicht problemlos vergleichbar sind (Laszig et al. 2009). Das Implantationsalter ist, wie gezeigt, ein determinierender Faktor der Variation, auch physikalische Ursachen können eine Rolle spielen. Wichtig ist aber, dass CI-Kinder grundsätzlich ein Niveau des offenen Sprachverständnisses erreichen können, das die gesprochene Sprache als Kommunikationsmittel erlaubt. Angesichts der zumindest in Deutschland noch immer beschämend geringen Verbreitung der Gebärdensprache ist das ein unschätzbarer Vorteil (vgl. Kap. 7.3.4). Für diejenigen Kinder mit Implantat, die sich beim Spracherwerb schwertun, sollte man allerdings eine ‹zweisprachige› (d. h. laut- und gebärdensprachliche; vgl. Kap. 7.3.4) Förderung erwägen, um einer möglichen Beeinträchtigung der kognitiven Entwicklung entgegenzuwirken (Szagun 2002).

7.3.4 Gebärdensprachenerwerb. Der sehr emotional geführte Streit um die angemessene Form der Spracherwerbsförderung für hörgeschädigte Kinder – Lautspracherwerb (oral-aurale Methode) oder Gebärdensprachenerwerb (manuelle Methode) – ist so alt wie die Förderungsbemühungen selbst. Bei der ‹manuellen Methode› erlernen die Kinder eine Gebärdensprache, die um das Fingeralphabet ergänzt wird: Mittels des Fingeralphabets, das Kinder schon ab dem dritten Lebensjahr erlernen können, werden in der Regel die Buchstaben des Schriftalphabets wiedergegeben, und zwar entspricht eine Handform einem Buchstaben. Es dient in erster Linie zur Darstellung von Wörtern, für die es keine Gebärden gibt, z. B. Eigennamen, Titel oder fachsprachliche Termini. Schließlich gibt es die ‹kombinierte Methode› (‹Zweisprachigkeit›), bei der man Laut- und Gebärdenspracherwerb verbindet. International ist die kombinierte Methode auf dem Vormarsch (Mogford-Bevan 1993, für den angelsächsischen Raum). In Deutschland wurde institutionell ausschließlich die oral-aurale Methode angewandt. Deren Befürworter lehnten die kombinierte Methode mit dem Argument ab, die auch bei hochgradig geschädigten Kindern noch vorhandene Lautwahrnehmung gehe verloren, wenn die Lautsprache von Gebärden begleitet werde, da das Sprechen dann seinen Rhythmus verliere (Löwe 1996). Anfang der 1980er Jahre begann ein Umdenken. Die Befürworter der manuellen bzw. der kombinierten Methode (u. a. Prillwitz 1982) heben erstens darauf ab, dass hörgeschädigte Kinder sich mit dem Lautspracherwerb schwertun (vgl. oben, Kap. 7.3.2). Zweitens gibt es Befunde, wonach gehörlose Kinder gehörloser Eltern, Kinder also, die primär gebärdensprachlich aufwachsen, nicht nur in ihrer kognitiven, sozialen und emotionalen Entwicklung, sondern erstaunlicherweise auch in ihrer lautsprachlichen Entwicklung den gehörlosen Kindern hörender Eltern überlegen sind: Sie zeigen bessere Lese- und Schreibleistungen in der Lautsprache, und sie verfügen über einen größeren lautsprachlichen Wortschatz. Eine wesentliche Ursache sieht Prillwitz (1989) darin, dass gehörlose Kinder, die (auch) mit einer Gebärdensprache aufwachsen, wie hörende Kinder einen ganz normalen Spracherwerb durchlaufen – nur eben in der Gebärdensprache. Auf dieser Grundlage sei ihnen der Lautspracherwerb leichter möglich als einem hörgeschädigten Kind, das ohne Gebärdensprache aufwächst.

Zu Recht ist darauf hingewiesen worden, dass der Erwerb der Gebärdensprache allein als Erstsprache problematisch ist: Zum einen besteht die Gefahr der Abkopplung von der Kommunikation mit Hörenden (das betrifft auch hörende Eltern, die die Gebärdensprache nur unvollkommen beherrschen), zum anderen könnte die ‹kritische Periode› für den Lautspracherwerb (vgl. oben, Kap. 5.3) verpasst werden, so dass das Kind noch weniger Chancen hat, die Lautsprache einigermaßen zu erwerben (Diller 1992). Außerdem haben Gebärdensprachen keine auf ihnen aufbauende Schriftsysteme. Die Schriftsprache muss deshalb entweder über die Lautsprache oder über das Fingeralphabet erlernt werden.

Die Forschung, insbesondere zur amerikanischen Gebärdensprache (American Sign Language, ASL), hat Belege dafür erbracht, dass Gebärdensprachen vergleichbaren universellen sprachlichen Prinzipien unterliegen, wie sie für Lautsprachen bekannt sind (Leuninger 2000). Wenn Gebärden produziert oder interpretiert werden, sind sogar dieselben Regionen im Gehirn aktiv, die auch bei der Lautsprache für Phonologie, Grammatik und Wortbedeutungen zuständig sind. Aus der Realisierung von Gebärdensprache in Zeit und Raum ergeben sich andere Ausdrucksmöglichkeiten als in der zeitlich-linearen Lautsprache, insbesondere durch die Möglichkeit simultaner Gebärdenproduktion, aber auch durch Variationen im Gebärdengebrauch, mit denen Abstufungen von Bedeutungen realisiert werden können. Z. B. kann die Bedeutung der Gebärde für ‹beißen› in der Deutschen Gebärdensprache (DGS) durch die Intensität der Bewegung nach Heftigkeit abgestuft werden. Entgegen einem hartnäckigen Vorurteil sind Gebärdensprachen aber keineswegs bildhaft und pantomimisch, obwohl sie auch solche Elemente enthalten (neben Händen und Armen werden auch Mimik und Körperhaltung eingesetzt). Dies belegen schon die Unterschiede zwischen Gebärdensprachen (vgl. Abbildung).

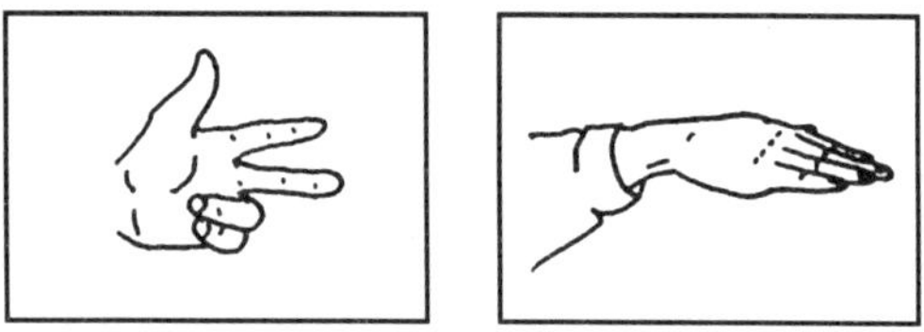

«Fahrzeug» – links: American Sign Language, rechts: Deutsche Gebärdensprache

Die Strukturebenen der Gebärdensprachen lassen sich, mutatis mutandis, mit denen der Lautsprachen vergleichen. So haben auch Gebärdensprachen eine Art Phonologie, definiert durch die Merkmalsdimensionen Handform, Handstellung, Ausführungsstelle und Bewegung. Sodann gibt es eine ‹Morphologie›, das sind Regeln zur Ableitung komplexer Gebärdenwörter und Flexionssysteme. Bestimmte ‹Verben› der DGS müssen, wie in der Lautsprache, mit dem Subjekt des Satzes übereinstimmen (sog. Kongruenz); z. B. Der Junge$_{\text{Singular}}$ läuft$_{\text{Singular}}$ vs. Die Jungen$_{\text{Plural}}$ laufen$_{\text{Plural}}$. ASL und DGS verfügen auch über eine Vielzahl von ‹Satz›typen und Stellungsvarianten, wobei in der DGS das ‹Verb› immer am Ende, in ASL in Zweitposition steht. Dem lautsprachlichen Satz *Ich hänge meine Jacke an die Wand* entspricht in DGS etwa folgende Wortstellung: WAND JACKE ICH HÄNG_AN (Leuninger 2000). Die konventionellen Gebärdensprachen sind also komplexer als die individuellen (vgl. Kap. 5.3), auch enthalten sie rekursive Regeln und erfüllen somit die Chomsky'sche Anforderung an natürliche Sprachen (vgl. Kap. 1.2).

Gehörlose Kinder entwickeln die Gebärdensprache, wenn sie ihnen in der kritischen Periode des Spracherwerbs angeboten wird, auf eine dem Lautspracherwerb parallele Weise: Das komplexe morphologische System des ASL erwerben Kinder, so wurde gezeigt, nur, wenn sie entsprechend früh der Gebärdensprache ausgesetzt sind. Kinder, die erst mit vier bis sechs Jahren oder gar noch später ASL lernten, zeigen erhebliche Lücken in ihrer Sprachkenntnis. Gebärdende Kinder machen auch eine Art Babbelphase (vgl. Kap. 2.2.2) durch, in der sie Gesten mit bestimmtem Rhythmus und bestimmter Dauer produzieren, die aber keine Wörter der ‹Zielsprache› (ASL, DGS o. Ä.) sind. Die rhythmische Struktur ist der des vorsprachlichen Babbelns analog. Mit etwa 1;0 bringen sie die ersten ‹Wörter› (bedeutungshaltige Gebärden) hervor, und im zweiten Lebensjahr steigt die mittlere Äußerungslänge der Gebärdenwortkombinationen ständig an. Gebärdende Kinder fangen im selben Zeitraum an, Grammatik zu erwerben, wie hörende. Auch die Wortschatzentwicklung ist mit der hörender Kinder vergleichbar: Mit 1;4–1;6 produzieren gebärdende Kinder durchschnittlich 30 Wörter, wobei, wie erwartet, gehörlose Kinder gehörloser Eltern besser abschneiden als gehörlose Kinder hörender Eltern. Kinder, die eine Gebärdensprache beherrschen, verfügen also über ein voll ausgebautes Sprachsystem, nur in einer anderen Modalität. Offensichtlich ist der menschliche Säugling in gleicher Weise prädestiniert, eine Laut- oder eine Gebärdensprache zu lernen.

8. Die ‹spezifische Sprachentwicklungsstörung› (SES)

Die ‹Internationale Klassifikation psychischer Störungen› (ICD-10, Kap. V) der Weltgesundheitsorganisation kennt die Diagnose «umschriebene Entwicklungsstörungen des Sprechens und der Sprache» (Diagnoseschlüssel F80). Die erfassten Störungen reichen vom harmlosen Lispeln (F80.8) bis zum Landau-Kleffner-Syndrom (F80.3), das mit schwersten, oft irreversiblen Sprachbeeinträchtigungen einhergeht. Eine Diagnose nach F80 wurde 2010 bei gut 10 % der deutschen Kinder unter 15 Jahren gestellt, und zwar bei Jungen (11,9 %) etwas häufiger als bei Mädchen (8,5 %; Grobe et al. 2012). Die Unterschiede zwischen den Altersgruppen waren allerdings groß: Am stärksten betroffen waren 5-Jährige mit ca. 38 % (Jungen) bzw. ca. 30 % (Mädchen), bei den 15-Jährigen waren es nur noch ca. 1,5 % (Jungen) bzw. ca. 1 % (Mädchen).

Die Darstellung auch nur der wichtigsten Sprachentwicklungsstörungen würde eine eigene Monografie füllen. Ich beschränke mich deshalb auf ein Störungsbild, das für das Verständnis des Spracherwerbsprozesses, aber auch wegen der aktuellen Diskussion über seine Ursachen, von besonderer Relevanz ist: die ‹spezifische Sprachentwicklungsstörung› (SES) oder ‹Entwicklungsdysphasie›. Diese wird von Grimm (2012) folgendermaßen beschrieben: Die Kinder weisen keine sensorischen Schädigungen (z. B. Gehörlosigkeit), keine schwerwiegenden neurologischen Schädigungen, keine emotionalen Schädigungen und keine geistige Behinderung auf. Ihr Spracherwerb ist verspätet und verlangsamt, es kann zu Plateaubildung kommen (d. h. einem Ende der Sprachentwicklung auf niedrigem Niveau), das Sprachverständnis ist besser als der aktive Sprachgebrauch, die Grammatik ist deutlich stärker beeinträchtigt als die Semantik, und das sprachliche Handeln und die nonverbale Intelligenz liegen im Normbereich.

Gewöhnlich sind SES-Kinder zunächst ‹späte Wortlerner› – sie haben mit zwei Jahren den Schwellenwert von 50 Wörtern noch nicht erreicht und holen den Rückstand im folgenden Jahr auch nicht auf. Das Hauptmerkmal aber ist die Beeinträchtigung der **Grammatikentwicklung**. Die betroffenen Kinder erwerben die Grammatik nicht nur langsamer, sondern auch qualitativ abweichend, d. h., sie produzieren Strukturen, die im normalen Verlauf nicht vorkommen (*da umzieht der Mann* u. Ä.). Flektiertes Verb und/oder Subjekt stehen häufig fälschlich am Satzende. Außerdem bilden SES-Kinder nur kurze, einfache Sätze. Die Probleme mit der Morphologie äußern sich u. a. in falscher Kongruenz zwischen Subjekt und Verb (*die Kinder rennte*), falschem Artikelgebrauch (*ein Frau*) und Flexionsfehlern (*gegangt, zwei Ball*). Auch beim Satznachsprechen treten diese Fehler auf. Ein knapp sechsjähriges Mädchen gab den Satz *Es ist heute Morgen kein schönes Wetter* als *Heute Morgen kein schön Wetter is* wieder. Sprachliche Defizite sind im Schul- und auch noch im Erwachsenenalter nachweisbar.

Wie kann ein solch gravierendes Defizit erklärt werden? Als gesichert gelten heute folgende Faktoren: Das Kommunikationsverhalten der Mütter von SES-Kindern spielt zwar keine kausale Rolle für die Entstehung, kann aber dazu beitragen, das Defizit zu stabilisieren. Grimm (1994) konnte zeigen, dass sich die Mütter von sprachentwicklungsgestörten Kindern dem formalsprachlichen Niveau der Kinder anpassen, also auf grammatischer Ebene mit ihnen sprechen wie mit erheblich jüngeren unbeeinträchtigten Kindern. Aber sie vermitteln weniger sprachliche Anregungen als Mütter von unbeeinträchtigten jüngeren Kindern, z. B. geben sie häufiger einfache Ja-/Nein-Antworten. Weil die SES-Kinder älter und kognitiv weiter fortgeschritten sind, werden sie auf diese Weise unterfordert. Die Aufklärung der Mütter über diesen Mechanismus könnte also für die Therapie relevant sein. Grimm konnte außerdem nachweisen, dass SES-Kinder mit dem Sprachangebot ihrer Umgebung anders umgehen als unauffällige Kinder: Die SES-Kinder nehmen signifikant weniger oft Bezug auf eine vorangegangene mütterliche Äußerung, es findet weniger aktives Lernen statt als bei unauffälligen Kindern. Während unauffällige Kinder größere Sequenzen mütterlicher Äußerungen wiedergeben können (Mutter: *Ich blättre's dir mal durch*; Kind: *Ich blättre durch*), begnügen sich SES-Kinder meist mit einer bruchstückhaften Wiedergabe (Mutter: *Da guck die große Nase*; Kind: *Die Nase*). Dies könnte damit zu tun haben, dass bei SES-Kindern verminderte Leistungen des phonologischen Arbeitsgedächtnisses gefunden wurden. Sie bauen dadurch einen kleineren Grundstock von Strukturen auf, die sie zur Analyse längerer sprachlicher Einheiten in ihre Bestandteile verwenden können. Schließlich hat man eine Verlangsamung der Informationsverarbeitung gefunden: SES-Kindern fällt es schwer, mit schnell zu verarbeitenden Informationen umzugehen. Entsprechende amerikanische Forschungen ergaben, dass diese Kinder Probleme haben, kurz dauernde Laute zu verarbeiten (ein Plosiv wie /d/ ist nur ca. 40 Millisekunden lang hörbar). In einer auch in der deutschen Presse viel beachteten Trainingsstudie zeigten Tallal et al. (1996), dass man die Wahrnehmungsfähigkeit der Kinder durch eine Intensivtherapie verbessern kann, indem man ihnen in Form eines Computerspiels sprachliche Äußerungen mit künstlich gedehnten Konsonanten anbietet.

In der neueren Forschung wurden auch biologische Verursachungsfaktoren gefunden. Erstens geht man von neurologischen Anomalien aus, die auf eine abweichende Gehirnentwicklung des Fötus im letzten Schwangerschaftsdrittel zurückgeführt werden (Gopnik 1997). Zweitens gilt ein genetischer Anteil an der Entstehung heute als sicher: Neuere Zwillingsstudien kommen zu dem Ergebnis, bei eineiigen Zwillingen seien viel häufiger beide Kinder von SES betroffen (ca. 85 %) als bei zweieiigen (ca. 45 %). Weitere Evidenz für eine genetische Komponente liefern Studien an der englischen Familie ‹KE›, in der SES-Symptome über drei Generationen bei 16 von 30 Familienmitgliedern beobachtet werden konnten, mit annähernd gleicher Verteilung auf die Geschlechter, so dass man auf einen autosomal-dominanten Erbgang schließt (Gopnik/Crago 1991). Gopnik und Crago hoben zunächst ganz auf die SES-Symptome ab, so dass sich die Meinung verbreitete, man habe es hier mit einer vererbten grammatikspezifischen Beeinträchtigung zu tun. Dies veranlasste 1994 Steven Pinker, die Existenz von ‹Grammatik-Genen› zu postulieren und diese Hypothese zur Unterstützung der Universalgrammatik-Theorie anzuführen (vgl. Kap. 5.3). So einfach ist die Sachlage aber nicht: Eine genauere Untersuchung der Defizite der KE-Familie ergab sowohl eine breite, über Grammatik hinausgehende Beeinträchtigung sprachlicher Fähigkeiten und der allgemeinen Intelligenz als auch Symptome einer orofazialen Apraxie; das ist eine Störung der Muskulatur im Mund-Gesichts-Bereich. Die Rede von Grammatik-Genen erwies sich mithin als voreilig (Vargha-Khadem et al. 1995). Es gelang dann zunächst, bei der KE-Familie einen Abschnitt auf Chromosom 7 (7q31) als möglichen Störungsort zu identifizieren (Fisher et al. 1998). Da die Autoren diesen Abschnitt ‹SPCH1› nannten, mit ‹SPCH› für ‹speech›, wurde prompt in den Medien erneut irreführend von der Entdeckung des Sprach- oder gar Grammatikgens berichtet. Die Gruppe um Fisher konnte schließlich durch den Vergleich mit einem anderen Fall von SES, Patient CS, den Störungsort auf ein Gen, genannt FOXP2, einen sog. Transkriptionsfaktor, eingrenzen (Lai et al. 2001; Enard et al. 2002). Wenngleich von einem Grammatikgen nicht die Rede sein kann, hat man nun doch ein Gen gefunden, dass (u. a.) im Gehirn exprimiert und im Fall einer (Punkt-)Mutation in einem kritischen Stadium der embryonalen Reifung zu einer gestörten Entwicklung von neuronalen Strukturen führt, die wiederum für die Sprachentwicklung wichtig sind (Vargha-Khadem et al. 2005; Fisher/Scharff 2009).

Wie auch die KE-Familie deutlich macht, ‹wächst sich› eine SES nicht von selbst ‹aus›. 40–100 % der betroffenen Vorschulkinder – je nach Stichprobe und Methodik – zeigen auch später noch Sprachdefizite. In der Schule haben sie u. a. Lese- und Rechtschreibprobleme, doch beeinträchtigt ihr Sprachproblem auch die Leistungen in anderen Fächern. In der Folge treten psychosoziale Probleme auf, man spricht von einer ‹negativen sozialen Spirale›. Es gibt inzwischen aber vielfältige Ansätze zur Therapie von SES, weshalb eine frühe Diagnose wichtig ist (Grimm 2012).

Literaturverzeichnis

Abbot-Smith, K., Behrens, H. (2006): How known constructions influence the acquisition of other constructions: the German passive and future constructions. In: Cognitive Science, 30, 995–1026.

Abdelilah-Bauer, B. (2008): Zweisprachig aufwachsen. Herausforderung und Chance für Kinder, Eltern und Erzieher. München: C.H.Beck.

Akhtar, N., Callanan, M., Pullum, G. K., Scholz, B. C. (2004): Learning antecedents for anaphoric *one*. In: Cognition, 93, 141–145.

Bates, E. A., Marchman, V., Thal, D. et al. (1994): Developmental and stylistic variation in the composition of early vocabulary. In: Journal of Child Language, 21, 85–123.

Bates, E. A., Volterra, V. (1984): On the invention of language: An alternative view. In: Monographs of the Society für Research in Child Development. Serial No. 207, Vol. 49, 130–142.

Behrens, H. (2009): Konstruktionen im Spracherwerb. In: Zeitschrift für Germanistische Linguistik (ZGL), 20, 427–444.

Bellugi, U., Lichtenberger, L., Jones, W., Lai, Z. (2000): The neurocognitive profile of Williams syndrome: A complex pattern of strengths and weaknesses. In: Journal of Cognitive Neuroscience, 12: Suppl., 7–29.

Bellugi, U., Wang, P. P., Jernigan, T. L. (1994): Williams' syndrome: An unusual neuropsychological profile. In: Atypical Cognitive Deficits in Developmental Disorders. Hg. S. Broman, J. Grafman. Hillsdale, N. J.: LEA, 23–56.

Berwick, R. C., Pietroski, P., Yankama, B., Chomsky, N. (2011): Poverty of the stimulus revisited. In: Cognitive Science, 35, 1207–1242.

Bickerton, D. (1984): The language bioprogram hypothesis. In: The Behavioral and Brain Sciences, 7, 173–221.

Bickerton, D. (1995): Language and Human Behavior. Seattle: University of Washington Press.

BLIKK (2018): BLIKK-Medien. Bewältigung, Lernverhalten, Intelligenz, Kompetenz und Kommunikation. Kinder und Jugendliche im Umgang mit elektronischen Medien. Bundesministerium für Gesundheit. Kurzbericht.

Bloch, C., Kaiser, A., Kuenzli, E. et al. (2009): The age of second language acquisition determines the variability in activation elicited by narration in three languages. In: Neuropsychologia, 47, 625–633.

Böhme-Dürr, K. (2000): Einfluss der Medien auf den Sprachlernprozess. In: Grimm (Hg.) (2000), 433–459.

Bongaerts, T. (1999): Ultimate attainment in L2 pronunciation. In: Second Language Acquisition and the Critical Period Hypothesis. Hg. D. Birdsong. Mahwah, N. J.: Erlbaum, 133–159.

Buchholz, U. (1999): Der Erwerb sprachlich-kommunikativer Fähigkeiten. Dialoganalytische Untersuchungen an einem Kleinkind. Wiesbaden: Deutscher Universitätsverlag.

Butzkamm, W., Butzkamm, J. (2008): Wie Kinder sprechen lernen. Kindliche Entwicklung und die Sprachlichkeit des Menschen. 3. Aufl. Tübingen; Basel: Francke.

Chee, M. W. L., Hon, N., Lee, H. L., Soon, Ch. S. (2001): Relative language proficiency modulates BOLD signal change when bilinguals perform semantic judgments. In: NeuroImage, 13, 1155–1163.

Chomsky, N. (1965): Aspects of the Theory of Syntax. Cambridge, Mass.: MIT-Press.

Chomsky, N. (1976): Reflections on Language. New York: Random House.

Chomsky, N. (1980): Rules and representations. In: The Behavioral and Brain Sciences 3, 1–61.

Chomsky, N. (1981): Lectures on Government and Binding. The Pisa Lectures. Dordrecht; Riverton: Foris.

Chomsky, N. (1986): Knowledge of Language. New York [usw.]: Praeger.

Chomsky, N. (1988): Language and Problems of Knowledge. The Managua Lectures. Cambridge, Mass.; London: MIT-Press.

Chomsky, N. (2012): The Science of Language. Interviews with J. McGilvray. Cambridge [usw.]: Cambridge University Press.

Clark, E. V. (1993): The Lexicon in Acquisition. Cambridge: Cambridge University Press.

Coppola, M., Newport, E. L. (2005): Grammatical subjects in home sign: Abstract linguistic structure in adult primary gesture systems without linguistic input. In: PNAS, Dec. 27, 2005, vol. 102, no. 52.

Curtiss, S. (1977): Genie – A Psycholinguistic Study of a Modern-Day ‹Wild Child›. New York: Academic Press.

Dale, P. S., Simonoff, E., Bishop, D. V. M. et al. (1998): Genetic influence on language delay in two-year-old children. In: Nature Neuroscience, 1, 324–328.

Demuth, K. (2007): The role of frequency in language acquisition. In: Frequency Effects in Language Acquisition. Defining the Limits of Frequency as an Explanatory Concept. Hg. I. Gülzow, N. Gagarina (= Studies on Language Acquisition, 32). Berlin; New York: Mouton de Gruyter, 383–386.

Diller, G. (1992): Lernen bei Gehörlosen. Zur Notwendigkeit der Lautsprachförderung. In: Frankfurter Linguistische Forschungen, 13, 53–60.

Dittmann, J. (2002): Wörter im Geist. Das mentale Lexikon. In: Über Wörter. Hg. J. Dittmann, C. Schmidt. Freiburg i. Br.: Rombach, 283–310.

Elbers, L., Wijnen, F. (1992): Effort, production skill, and language learning. In: Phonological Development: Models, Research, Implications. Hg. C. A. Ferguson, L. Menn, C. Stoel-Gammon. Timonium, Md.: York Press, 337–368.

Elman, J. L., Bates, E. A. et al. (1997): Rethinking Innateness: A Connectionist Perspective on Development. 2nd Ed. Cambridge, Mass.: MIT-Press.

Elsen, H. (1991): Erstspracherwerb. Der Erwerb des deutschen Lautsystems. Wiesbaden: Deutscher Universitäts-Verlag.

Elsen, H. (1995): Der Aufbau von Wortfeldern. In: Lexicology, 1, 219–242.

Elsen, H. (1996): Two routes to language: stylistic variation in one child. In: First Language, 16, 141–158.

Elsen, H. (1999): Auswirkungen des Lautsystems auf den Erwerb des Lexikons – eine funktionalistisch-kognitive Perspektive. In: Das Lexikon im Spracherwerb. Hg. J. Meibauer, M. Rothweiler. Tübingen; Basel: Francke, 88–105.

Enard, W., Przeworski, M., Fisher, S. E. et al. (2002): Molecular evolution of FOXP2, a gene involved in speech and language. In: Nature, 418, 869–872.

Fisher, S. E., Vargha-Khadem, F., Watkins, K. E. et al. (1998): Localisation of a gene implicated in a severe speech and language disorder. In: Nature Genetics, 18, 168–170.

Fisher, S. E., Scharff, C. (2009): FOXP2 as a molecular window into speech and language. In: Trends in Genetics, 25, 166–177.

Gathercole, V. C. M. (2006): Introduction to Special Issue: Language-specific influences on acquisition and cognition. In: First Language, 26, 5–17.

Gathercole, V. C. M., Hoff, E. (2007): Input and acquisition of language: three questions. In: Blackwell Handbook of Language Development. Hg. E. Hoff, M. Shatz. Malden, Mass.; Oxford: Blackwell, 107–127.

Goldberg, A. (2003): Constructions: a new theoretical approach to language. In: Trends in Cognitive Sciences, 7, 219–224.

Goldin-Meadow, S., Mylander, C. (1984): Gestural communication in deaf children: The effects and noneffects of parental input on early language development. In: Monographs of the Society für Research in Child Development. Serial No. 207, Vol. 49, Nos. 3–4, 1–121.

Gopnik, M. (1997): Language deficits and genetic factors. In: Trends in Cognitive Sciences, 1, 5–9.

Gopnik, M., Crago, M. B. (1991): Familial aggregation of a developmental language disorder. In: Cognition, 39, 1–50.

Gosch, A., Städing, G., Pankau, R. (1994): Linguistic abilities in children with Williams-Beuren Syndrome. In: American Journal of Medical Genetics, 52, 291–296.

Grimm, H. (1994): Entwicklungskritische Dialogmerkmale in Mutter-Kind-Dyaden mit sprachgestörten und sprachunauffälligen Kindern. In: Zeitschrift für Entwicklungspsychologie und Pädagogische Psychologie, 26, 35–52.

Grimm, H. (Hg.) (2000): Sprachentwicklung. Enzyklopädie der Psychologie, C, III, 3. Göttingen [usw.]: Hogrefe.

Grimm, H. (2012): Störungen der Sprachentwicklung. Grundlagen – Ursachen – Diagnose – Intervention – Prävention. Göttingen [usw.]: Hogrefe. 3. Aufl.

Grimm, H., Weinert, S. (1993): Patterns of interaction and communication in language development disorders. In: Linguistic Disorders and Pathologies. Hg. G. Blanken, J. Dittmann, H. Grimm, J. C. Marshall, C.-W. Wallesch. Berlin; New York: de Gruyter, 697–711.

Grimm, H., Wilde, S. (1998): Sprachentwicklung. Im Zentrum steht das Wort. In: Lehrbuch der Entwicklungspsychologie. Hg. H. Keller. Bern [usw.]: Huber, 445–473.

Grobe, Th. G., Dörning, H., Schwartz, F. W. (2012): Barmer GEK Arztreport 2012. Schwerpunkt: Kindergesundheit. Hg. Barmer GEK (= Schriftenreihe zur Gesundheitsanalyse, Bd. 12). Online: <www.barmer-gek.de> 2018-11-20.

Hauser, M. D., Chomsky, N., Fitch, T. (2002): The faculty of language: What is it, who has it, how did it evolve? In: Science, 298, 1569–1579.

Heath, S. Brice (1983): Ways with Words. Language, Life, and Work in Communities and Classrooms. Cambridge: Cambridge University Press.

Hirsh-Pasek, K., Golinkoff, R. M. (1996): The Origins of Grammar. Evidence from Early Language Comprehension. Cambridge, Mass.: MIT-Press.

Hockett, Ch. F. (1960): The origin of speech. In: Scientific American, 203, 89–96.

Humboldt, W. von (1963): Über die Verschiedenheit des menschlichen Sprachbaues und ihren Einfluss auf die geistige Entwicklung des Menschengeschlechts (1830–1835). In: Schriften zur Sprachphilosophie. Werke in fünf Bänden, Band III. Hg. A. Flitner, K. Giel. Darmstadt: Wissenschaftliche Buchgesellschaft, 368–756.

Ibbotson, P., Tomasello, M. (2017): Ein neues Bild der Sprache. In: Spektrum der Wissenschaft, 3/17, 12–17.

Jakobson, R. (1941): Kindersprache, Aphasie und allgemeine Lautgesetze. Nachdruck 1969. Frankfurt/M.: Suhrkamp.

Kauschke, Chr. (2000): Der Erwerb des frühkindlichen Lexikons. Eine empirische Studie zur Entwicklung des Wortschatzes im Deutschen. Tübingen: Narr.

Kielhöfer, B., Jonekeit, S. (2002): Zweisprachige Kindererziehung. 11. Aufl. Tübingen: Stauffenburg.

Kiese-Himmel, Chr. (1999): Hörgestörte Kinder und ihr Spracherwerb. Eine empirische Analyse. Heidelberg: Median.

Klein, W. (2000): Prozesse des Zweitspracherwerbs. In: Grimm (Hg.) (2000), 537–570.

Lai, C. S. L., Fisher, S. E., Hurst, J. A., Vargha-Khadem, F., Monaco, A. P.

(2001): A forkhead-domain gene is mutated in a severe speech and language disorder. In: Nature, 413, 519–523.

Laszig, R. (1997): Gegenwärtiger Stand der Cochlear-Implant-Therapie einschließlich des Konzeptes der «soft surgery». In: Das Cochlear Implant bei Kindern und Jugendlichen. Hg. A. Leonhardt. München; Basel: Reinhardt, 31–47.

Laszig, R., Aschendorf, A., Beck, R. et al. (2009): Langzeitergebnisse nach Kochleaimplantatversorgung bei Kindern. In: HNO, 57, 657–661.

Lenneberg, E. (1977): Biologische Grundlagen der Sprache. Frankfurt/M.: Suhrkamp.

Leuninger, H. (2000): Mit den Augen lernen. Gebärdenspracherwerb. In: Grimm (Hg.) (2000), 229–270.

Levelt, W. J. M. (1989): Speaking: From Intention to Articulation. Cambridge, Mass.: MIT-Press (A Bradford Book).

Löhle, E. (1991): Phoniatrische und pädaudiologische Ziele in der Erkennung, Diagnostik und Therapie resthöriger Kinder. In: Bericht über das Internationale Symposium Hohenems 1990, Stiftung zur Förderung körperbehinderter Hochbegabter. Vaduz, 75–95.

Löwe, A. (1996): Hörerziehung für hörgeschädigte Kinder. Geschichte – Methoden – Möglichkeiten. Eine Handreichung für Eltern, Pädagogen und Therapeuten. 2. Auflage. Heidelberg: Schindele.

Macherey, O., Carlyon, R. P. (2014): Cochlear implants. In: Current Biology, 24, 18, R878–R884.

Mares, M.-L., Pan, Z. (2013): Effects of Sesame Street: A meta-analysis of children's learning in 15 countries. In: Journal of Applied Developmental Psychology, 34, 140–151.

Markman, E. M. (1990): Constraints children place on word meanings. In: Cognitive Science, 14, 57–77.

Meisel, J. M. (2007): Mehrsprachigkeit in der frühen Kindheit. Zur Rolle des Alters bei Erwerbsbeginn. In: Mehrsprachigkeit bei Kindern und Erwachsenen. Hg. T. Anstatt. Tübingen: Attempto, 93–113.

Mogford-Bevan, K. (1993): Language acquisition and development with sensory impairment: Hearing-impaired children. In: Linguistic Disorders and Pathologies. Hg. G. Blanken, J. Dittmann, H. Grimm, J. C. Marshall, C.-W. Wallesch. Berlin; New York: de Gruyter, 660–679.

Nelson, K. (1973): Structure and Strategy in Learning to Talk. Monographs of the Society for Research in Child Development, Serial No. 149, Vol. 38, Nos. 1–2.

Nevins, A., Pesetzky, D., Rodrigues, C. (2009): Pirahã exceptionality: a reassessment. In: Language, 85, 2, 355–404.

Nitsch, C. (2007): Mehrsprachigkeit: Eine neurowissenschaftliche Perspektive. In: Mehrsprachigkeit bei Kindern und Erwachsenen. Hg. T. Anstatt. Tübingen: Attempto, 47–68.

Olguin, R., Tomasello, M. (1993): Twenty-five-month-old children do not have a grammatical category of verb. In: Cognitive Development, 8, 245–272.

Papoušek, M. (1994): Vom ersten Schrei zum ersten Wort. Anfänge der Sprachentwicklung in der vorsprachlichen Kommunikaiton. 3. Nachdruck 2001. Bern [usw.]: Huber.

Parish-Morris, J., Hennon, E. A., Hirsh-Pasek, K., Golinkoff, R. M., Tager-Flusberg, H. (2007): Children with autism illuminate the role of social intention in word learning. In: Child Development, 78, 1265–1287.

Pauen, S. (2007): Was Babys denken. Eine Geschichte des ersten Lebensjahres. 2. Aufl. München: C.H.Beck.

Peltzer-Karpf, A. (1994): Spracherwerb bei hörenden, sehenden, hörgeschädigten, gehörlosen und blinden Kindern. Tübingen: Narr.

Penner, Z. (2000): Phonologische Entwicklung. Eine Übersicht. In: Grimm (Hg.) (2000), 105–139.

Perani, D., Paulesu, E., Galles, N. S. et al. (1998): The bilingual brain. Proficiency and age of acquisition of the second language. In: Brain, 121, 1841–1852.

Petit, Chr. (1996): Genes responsible for human hereditary deafness: symphony of a thousand. In: Nature Genetics, 14, 385–391.

Piaget, J. (1996): Nachahmung, Spiel und Traum. Die Entwicklung der Symbolfunktion beim Kinde. 4. Aufl. Stuttgart: Klett-Cotta.

Pinker, St. (1987): The bootstrapping problem in language acquisition. In: Mechanisms of Language Acquisition. Hg. B. MacWhinney. Hillsdale, N. J.: Erlbaum, 399–441.

Pinker, St. (1998): Der Sprachinstinkt. Wie der Geist die Sprache bildet. Aus dem Amerik. von M. Wiese. München: Knaur-Taschenbuch (zuerst Amerik. 1994).

Prillwitz, S. (1982): Zum Zusammenhang von Kognition, Kommunikation und Sprache mit Bezug auf die Gehörlosenproblematik. Stuttgart; Berlin; Köln; Mainz: Kohlhammer.

Prillwitz, S. (1989): Zum Gebärdenspracherwerb gehörloser Kinder. In: Spracherwerb und Sprachunterricht für Gehörlose. Zielsetzungen und Probleme. Hg. K.-H. Bausch, S. Grosse. Tübingen: Niemeyer, 48–60.

Pullum, G. K., Scholz, B. C. (2002): Empirical assessment of stimulus poverty arguments. In: The Linguistic Review, 19, 9–50.

Pye, C. L. (1992): The acquisition of K'iche' (Maya). In: The Crosslinguistic Study of Language Acquisition. Vol. 3. Hg. D. I. Slobin. Hillsdale, NJ: Erlbaum, 221–308.

Quine, W. V. O. (1960): Word and Object. Cambridge, Mass.: MIT-Press.

Reimann, B. (1996): Die frühe Kindersprache. Grundlagen und Erscheinungsformen ihrer Entwicklung in der kommunikativen Interaktion. Neuwied; Berlin: Kriftel/Luchterhand.

Rooney, R., Hay, D., Levy, F. (2003): Small for gestational age as a predictor of behavioral and learning problems in twins. In: Twin Research and Human Genetics, 6, 46–54.

Saffran, J. R. (2003): Statistical language learning: mechanisms and constraints. In: Current Directions in Psychological Science, 23, 110–114.

Schaner-Wolles, Chr. (2000): Sprachentwicklung bei geistiger Retardierung: Williams-Beuren-Syndrom und Down-Syndrom. In: Grimm (Hg.) (2000), 663–685.

Schieffelin, B. B. (1990): The Give and Take of Everyday Life. Language Socialization of Kaluli Children. Cambridge [usw]: Cambridge UP.

Schwitalla, J. (2012): Gesprochenes Deutsch. Eine Einführung. 4. Aufl. Berlin: Schmidt.

Sendlmeier, W. F., Sendlmeier, U. M. (1991): Vom Lallen zum Sprechen – Entwicklung der Lautproduktion im Alter von 8–14 Monaten. In: Sprache und Kognition, 10, 162–170.

Senghas, A., Kita, S., Özyürek, A. (2004): Children creating core properties of language: Evidence from an emerging sign language in Nicaragua. In: Science, 305, 17 Sept. 2004, 1779–1782.

Sodian, B. (2008): Entwicklung des Denkens. In: Entwicklungspsychologie. 6. Aufl. Hg. R. Oerter, L. Montada. Weinheim: Beltz, 436–479.

Spitzer, M. (2013): Fernsehen – erst gar nichts und später das Falsche lernen. Von hibbeligen Mäusekindern zu arbeitslosen und kriminellen Erwachsenen. In: Nervenheilkunde, 32, 425–431.

Stern, C., Stern, W. (1928): Die Kindersprache. Eine psychologische und sprachtheoretische Untersuchung. Nachdruck, 4. Aufl. 1987. Darmstadt: Wissenschaftliche Buchgesellschaft.

Stromswold, K. (2001): The heritability of language: A review annd meta-analysis of twin, adoption, and linkage studies. In: Language, 77, 4, 647–732.

Stromswold, K. (2006): Why aren't identical twins lingustically identical? Genetic, prenatal and postnatal factors. In: Cognition, 101, 333–384.

Szagun, G. (2002): Wörter lernen in der Muttersprache. Der ontogenetische Vokabularerwerb. In: Über Wörter. Hg. J. Dittmann, C. Schmidt. Freiburg i. Br.: Rombach, 311–333.

Szagun, G. (2013): Sprachentwicklung beim Kind. Ein Lehrbuch. 5. Aufl. Weinheim: Beltz.

Szagun, G., Schäuble, M. (1997): Children's and adult's understanding of the feeling experience of courage. In: Cognition and Emotion, 11, 291–306.

Tallal, P., Miller, St. L., Bedi, G. et al. (1996): Language comprehension in language impaired children improved with acoustically modified speech. In: Science, 271, 81–84.

Tomasello, M. (1995): Language is not an instinct. [Rev. of St. Pinker: The Language Instinct. How the Mind Creates Language]. In: Cognitive Development, 10, 131–156.

Tomasello, M. (2000): Do young children have adult syntactic competence? In: Cognition, 74, 209–253.

Tomasello, M. (2003): Constructing a Language. A Usage-Based Theory of Language Acquisition. Harvard: Harvard University Press.

Tomasello, M. (2005): Beyond formalities: The case of language acquisition. In: The Linguistic Review, 22, 183–197.

Tomasello, M. (2006): Acquiring linguistic constructions. In: Handbook of Child Psychology. Hg. D. Kuhn, R. Siegler. New York: Wiley, 256–298.

Tomasello, M., Mannle, S., Kruger, A. C. (1986): Linguistic environment of 1- to 2-year-old twins. In: Developmental Psychology, 22, 169–176.

Tomasello, M., Olguin, R. (1993): Twenty-three-month-old children have a grammatical category of noun. In: Cognitive Development, 8, 451–464.

Tomasello, M., Rakoczy, H. (2003): What makes human cognition unique? From individual to shared to collective intentionality. In: Mind & Language, 18, 121–147.

Tracy, R. (1990): Spracherwerb trotz Input. In: Spracherwerb und Grammatik. Linguistische Untersuchungen zum Erwerb von Syntax und Morphologie. Hg. M. Rothweiler. Opladen: Westdeutscher Verlag (= Ling. Berichte, Sonderheft 3/1990), 22–49.

Tracy, R. (1996): Vom Ganzen und seinen Teilen. Fallstudien zum doppelten Erstspracherwerb. In: Sprache und Kognition, 15, 70–92.

Tracy, R. (2008): Wie Kinder Sprachen lernen. Und wie wir sie dabei unterstützen können. 2. Aufl. Tübingen; Basel: Francke.

Tracy, R., Gawlitzek-Maiwald, I. (2000): Bilingualismus in der frühen Kindheit. In: Grimm (Hg.) (2000), 495–535.

Tremblay-Leveau, H., Leclerc, S., Nadel, J. (1999): Linguistic skills of 16- and 23-months-old twins and singletons in a triadic context. In: First Language, 19, Nr. 56, 233–254.

Udwin, O., Yule, W. (1990): Expressive language of children with Williams syndrome. In: American Journal of Medical Genetics, 37, Issue Supplement S6, 108–114.

Vargha-Khadem, F., Watkins, K., Alcock, K. et al. (1995): Praxic and non-verbal cognitive deficits in a large family with a genetically transmitted speech and language disorder. In: Proc. Natl. Acad. Sci. USA, 92, 930–933.

Vargha-Khadem, F., Gadian, D. G., Copp, A., Mishkin, M. (2005): FOXP2 and the neuroanatomy of speech and language. In: Nature Reviews Neuroscience, 6, 131–138.

Vicari, St., Bates, E. A., Caselli, M. C. et al. (2004): Neuropsychological profile of Italians with Williams syndrome: An example of a dissociation between language and cognition? In: Journal of the International Neuropsychological Society, 10, 862–876.

Wallman, J.: (1992): Aping Language. Cambridge: Cambridge University Press.

Weinert, S., Grimm, H. (2008): Sprachentwicklung. In: Entwicklungspsychologie. 6. Aufl. Hg. R. Oerter, L. Montada. Weinheim: Beltz, 502–534.

Weissenborn, J. (2000): Der Erwerb von Morphologie und Syntax. In: Grimm (Hg.) (2000), 141–169.

Werth, R. (2008): Legasthenie und andere Lesestörungen. Wie man sie erkennt und behandelt. 3. Aufl. München: Beck.

Zimmer, D. E. (1989): Experimente des Lebens. Wilde Kinder, Zwillinge, Kibbuzniks und andere aufschlußreiche Wesen. Zürich: Haffmans Verlag.

Abbildungsnachweis

Die Abbildung von Seite 108 wurde mit freundlicher Genehmigung entnommen aus: Leuninger, Helen (2000): Mit den Augen lernen. Gebärdenspracherwerb. In: Sprachentwicklung. Hg. H. Grimm (= Enzyklopädie der Psychologie, C, III.3). Hogrefe Verlag, Göttingen, 229–270, dort S. 237, Abb. 7.

Register

C.H.BECK WISSEN

Zuletzt erschienen:

2004: Wolfram, **Die Germanen**
2012: Bringmann, **Römische Geschichte**
2059: Schrenk, **Die Frühzeit des Menschen**
2077: Pieper, **Gut und Böse**
2106: Kloft, **Mysterienkulte der Antike**
2148: Matz, **Die 1000 wichtigsten Daten der Weltgeschichte**
2305: Schlögl, **Das Alte Ägypten**
2310: Schneede, **Vincent van Gogh**
2322: Rothermund, **Gandhi**
2325: Reinhardt, **Geschichte Roms**
2347: Thamer, **Die Französische Revolution**
2366: Rahmstorf/Schellnhuber, **Der Klimawandel**
2367: Schmidt-Glintzer, **Der Buddhismus**
2375: Kolb, **Der Frieden von Versailles**
2389: Leitner, **Die Aborigines Australiens**
2470: Möllers, **Das Grundgesetz**
2477: Mai, **Die Weimarer Republik**
2520: Busch, **Goya**
2521: Büttner, **Pieter Bruegel d.Ä.**
2705: Will, **Die Perserkriege**
2822: Haag/Wild, **Philosophie der Neuzeit**
2860: Deger-Jalkotzy/Hertel, **Das mykenische Griechenland**
2876: Jaspert, **Die Reconquista**
2883: Nerdinger, **Das Bauhaus**
2885: Leitzmann, **Veganismus**
2886: Sieroka, **Philosophie der Zeit**
2887: Schipper, **Geschichte Israels in der Antike**
2888: Daum, **Alexander von Humboldt**
2889: Grewe, **Gold**
2890: Huber, **Die Konquistadoren**
2891: Küster, **Der Wald**
2892: Schunka, **Die Hugenotten**
2893: Willms, **Napoleon**
2894: Breitenstein, **Die Benediktiner**
2895: Böhme, **Resilienz**
2896: Egeler, **Der Heilige Gral**
2897: Kaufmann, **Die Täufer**
2898: Kinzig, **Christenverfolgung in der Antike**
2900: Lang, **Himmel, Hölle, Paradies**